図解

下ヨシ子の

神様の世界

徳間書店

まえがき

すべては私のたわ言から始まりました。

たわ言というか、空想や妄想といった類でしょうか、もしくは私の希望や願いだったのかもしれません。

二〇一九年十二月二十日に、六水院熊本本院にて六字如来坐像の入魂式が執り行なわれました。この六字如来様は六水院のご本尊である六字明王様が変化《へんげ》したものです。通常であれば仏様の最高位である如来から菩薩や明王には化身しますが、今回は明王から如来への化身です。でも、なぜか私はこの六字明王様は六字菩薩様、そして六字如来様へと最上位の階層へと変化していくのだと、十年以上前から周囲に告げていたのです。

それは六字明王様が明王でありながら、菩薩相であること、六観音（菩薩）の変化といわれていること、また江戸時代に編纂された仏像の図録に如来として分類されたことなどを踏まえても、まんざらおかしことではないのだと思っていました。

ただ、そうはいっても、単なる私の思いつきと思う人たちもいたことでしょう。

ありがたいことに、真言六字密教・六水院には、真言宗はもちろんのこと、多くのお坊さんたちが集《つど》います。それこそ天台密教、浄土真宗、曹洞宗と宗派を越えて、六水院の門をくぐっていただいております。そして各宗派のみなさまとお話を重ねることで、それが段々と確信に変わってきたのです。まるでパズルのピースがはまっていくかのように……。

特に本書の特別収録にて執筆いただいた高福寺の吉田ご住職からは、六字明王の起源を探る中で、六字如来の案出や、現代に六字如来が現れる必然性を検証していただき、私の背中を押していただきました。この場を借りて、本当に感謝申し上げます。

しかし、驚くのはそれだけではありません。このたび、六字如来坐像は私が案出したのですが、明王像と違い、如来像ということで、武具ではなく、手には蓮華を持ち、宝珠の瓔珞《ようらく》(ネックレス)を案出しました。私のイメージ通りの坐像に完成しましたが、それがなんとチベット仏教においてよく唱えられている六字真言「オン　マニ　パドメ　フム」の「マニ」が「宝珠」を、「パドメ」が「蓮華」を意味していたのです。

この一致にはただ驚くばかりですが、やはり、神様からのビジョンが届いていたのかもしれませんね。

これまでも六字明王様は私に霊能力を授けてくださっただけでなく、多くの奇跡ももたらしてくださいました。例えば、身体が丈夫になり、かつてはどんぶりいっぱい程も飲んでいた処方薬とは無縁になりましたし、仕事にかまけていたせいで疎遠気味だった娘は私と同じように神様に仕える道を自ら選び、今では誰よりも私を支えてくれています。以前のことを考えると、本当に夢のようです。

何よりありがたいのは、私や六水院を頼り、支えてくれる信者さんや教師が次々に現れることです。六水院は正統な「仏教」と「修験道」の流れを汲むものですが、傍から見れば新興宗教の類でしょうから、怪しまれてもおかしくないと自認しているだけに、本当のところを理解し、味方についてくださる方が大勢いることは、これ以上なく心強いものです。

私の活動自体を広く知っていただく機会にも恵まれてきました。最初は得度を受けた年の3年後の一九八九年に放映された、超常現象を扱うテレビ番組「奇跡体験！　アンビリバボー」（フジテレビ）に出演したことです。放映終了後、問い合わせが殺到したそうで、他のテレビ番組にも呼ばれたり、女性誌などの取材を受けることも多くなりました。

決定的だったのが、六水院を開院した二〇〇〇年の晩秋、「幽霊アパート」としてマスコミをにぎわせた岐阜県富加町の町営住宅で起きたポルターガイスト現象を収めたことでしょう。その顛末がテレビや新聞で取り上げられ、テレビ出演の依頼はますます増え、「ほんとうにあった怖い話」（フジテレビ）などをはじめ、多くの番組に出させていただきました。

二〇〇五年には、これまで属していた本山から離れ、「真言六字密教総本山六水院」を開基し、翌年には熊本本院に念願だった大神殿を建立することができました。

大神殿の完成により、毎月六日の縁日祭や、年に三度開かれる大祭（二月の「流生命　星まつり」、七月の「地蔵盆供養祭」、八月の「盆大施餓鬼供養」）には、どなたでもご参加いただけるようになり、二〇一〇年の四月六日からは、お釈迦様のお誕生日をお祝いする「花まつり」も開催できるようになりました。大勢の方が六水院に足を運んでくださり、また遠方からもご祈願やご供養のお申し込みを多くいただき、誠にありがたいことです。

さらに神様は「流生命」という素晴らしい教えを私に授けてもくださいました。流生命については、拙著、『年度版　あなたの流生命』『定本　流生命』（いずれも徳間書店）などに詳しいですが、流生命を一言で説明すると、神様が人間に与えた歩むべき人生の流れを解き明かしたものです。流生命の流れから外れることなく生きていけば、福運に満ちた人生を送ることができます。

流生命の教えを授かってすぐに誌面で発表する機会に恵まれ、それをきっかけに年度版として書籍化され、二〇二〇年には十八冊目の刊行を迎えました。これだけ長きに渡り続けてこられたのは、私や六水院、そして流生命を応援してくださる方がたくさんいるからこそです。本当に感謝の一言しかありません。

振り返れば、神様と出会ってから、とんとん拍子で進んできたように思います。もちろん、よいことばかりでなく、裏切りに遭ったり、濡れ衣を着せられたりと、辛いことや悲しいこともたくさんありましたが、その都度、神様は乗り越える力を与えてくださいました。


六字如来坐像に入魂されましたが、六水院のご本尊は変わらず、六字明王様です。そしてこの機会に六水院の管長は娘の昇恵に譲ることに決めました。自分の年齢を考えても世代交代するのにちょうどいいタイミングでしょう。何より昇恵は私以上に神仏への帰依厚く、親のひいき目抜きで頼りになるお坊さんですので、立派に管長職を務めてくれること間違いありません。本書が刊行されるころには管長職を継承する儀式＝晋山式（新しく住職（寺の長）になる者が、その寺に入る儀式）を行なう予定です。

改めて自分の過去を振り返ってみると、神様と出会う前と出会ってからでは、人生は百八十度、よい方向に変わったと、しみじみ実感します。神様と共に生きる喜びを知った今、神様を信じられずにいた、かつての自分こそが信じられません。

本書を手にされたあなたも、ぜひ神様をおそば近くに感じ、私と同じ喜びや幸せを味わっていただきたいと思います。神様に出会えるのは特別なことのように感じるかもしれませんが、そんなことはありません。

神様に好かれる行ない、具体的には、他者（ご先祖様など目に見えない存在も含めて）に尽くしていくこと、犯罪はもとより不倫など倫理的にも悪いことはしないこと、そしてよりよい自分になろうと精進努力を重ねていけば、神様は必ずやあなたのもとに駆けつけてくださいます。

さらに神様をより親しく感じられるよう、神仏について勉強することもとてもいいことです。神社仏閣に参拝したときも、そこに祀られている神仏の特徴などを把握していれば、いっそう熱心に手を合わせることができますしね。そこで本書では、さまざまな種類の神仏について紹介すると同時に、日ごろから私や六水院がお世話になっている吉田ご住職のお知恵を拝借し、六字明王様と六字如来様についてより専門的にご説明していきます。

もっとも「勉強」といっても難しく考えることはありません。大切なのは、神仏への理解を深め、これまで以上に身近な存在にすることです。まずは「かっこいいな」とか「このご利益が欲しいな」といったノリで構いませんので、自分のお気に入りの神仏を見つけてみるといいでしょう。そして、その神様が自分の胸中に宿っていると、事あるごとにイメージしてみてください。特に悪心やエゴがわいた時は、「自分の中には神様がいらっしゃるんだ」と強く念じましょう。

イメージの力というものは、思っている以上にパワーがあります。そうやって心に神様を思い描いているうちに、本当に神様はあなたとともにいてくださるようになります。実際、不思議と物心ともに満たされていき、自分のことより他者のことを祈れるようになっているはずです。その敬虔さや思いやりを神様は喜ばれ、ますますの福運を授けてくださること請け合いです。

本書が、あなたと神様の橋渡し役になれば、これに勝る喜びはありません。

下ヨシ子

下ヨシ子の神様の世界 **Contents**

 Contents

第3章 神様を味方につける九カ条 145

特別収録

六字明王研究

編集協力／六水院
シモエンタープライズ
水谷麻衣子
はちどり
装丁・デザイン・DTP／若松 隆
イラスト／佐野 蕗
図版作成／村松明夫、若松 隆

第1章

六字明王と六字如来

六水院のご本尊である
六字明王とその転化である
六字如来について解説します。

六字明王

不動明王と表裏一体の六水院のご本尊

真言六字密教総本山・六水院のご本尊でもある六字明王様は、乱世に現れては、人々を救い導かれます。

平安末期の乱世のころ、厚く信仰

六字明王は「六字尊」、あるいは「六字天」と呼ばれ、また身色が青黒色ゆえに「黒六字」と呼ばれることもあります。

六字明王は六観音（聖《しょう》観音、千手観音、馬頭《ばとう》観音、十一面観音、准胝《じゅんてい》観音、如意輪《にょいりん》観音）の所変とは伝えられているものの、経軌上の典拠は見当たりません。

六字明王は、仏尊の明王部に属されます。お姿は一面《いちめん》六臂《ろっぴ》（顔はひとつで、腕は六本）で、恐ろしい形相《ぎょうそう》が普通である明王でありながら、観音菩薩《かんのんぼさつ》のように優美で穏《おだ》やかなお顔をされています。

平安時代に朝廷の権力争いの中で、調伏《ちょうふく》や呪術返しの本尊として案出された日本独自の尊格といわれています。その乱世のころは厚く信仰されていましたが、やがて忘れられていきました。

これには理由があります。六字明王は世が乱れる時に現れ、百年ほど人々の教化に励まれたあとは、裏に回られる印象が非常に強いからです。

また、不動明王と六字明王は表裏一体、もしくは兄弟のような関係にあるとも考えられます。不動明王が表（兄）で、いつの時代も前面に立って衆生救済《しゅじょうきゅうさい》に励まれ、裏（弟）である六字明王はそんな不動明王を陰から支え、緊急を要する時には自《みずか》らも表に出て力を振るいます。

いずれにせよ、六字明王は現在、再び来臨されたのです。それは、乱れた現代を整えるために違いありません。

世直し役を担《にな》われた六字明王が持つ力はすばらしいものです。人や物事を正確に素早く見抜かれ、何をされるにも縦横無尽《じゅうおうむじん》、あっという間に解決へと導きます。何より人が生きていくための知恵を懇切丁寧《こんせつていねい》に、大盤振る舞いで教えてくれる慈悲《じひ》深い神様です。

六字明王像の特徴

光背
十二支の動物の頭部が配される
像容
身色青黒色の菩薩相で、一面六臂(もしくは四臂)の丁字立ち
持物
右第二手「大刀」、右第三手「月輪」、左第二手「戟叉」、左第三手で「日輪」を持する
台座
蓮華座
明王の下方には天狐・地狐・獅子が配されることがある
印相
左右第一手で結印をしている
密教系では説法印「初転法輪印」
陰陽道では「智吉祥印」

梵字

六字明王

別名　六字尊、六字天、黒六字
経典　「請観音経」「六字神呪王経」

真言

オン　ギャチ　ギャチュ　ギャビチ　カンジュ　カンジュ　タチバチ　ソワカ

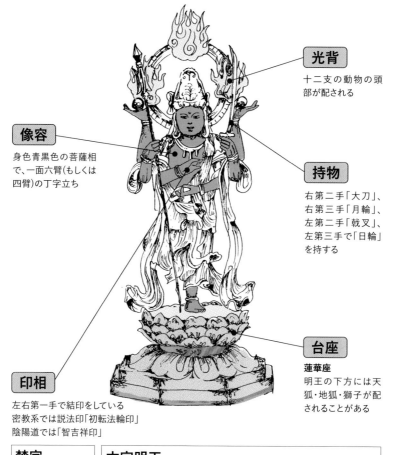

六字如来

六字明王の最終形態

二〇一九年十二月二十日に六水院にて入魂式が行なわれた六字明王の最終変化の六字如来。六水院の管長である下ヨシ子が案出した六字如来はどのような神様なのだろうか。

蓮華と宝珠を持つ

一九九六年に突如、下ヨシ子の前に表れた六字明王。平安末期から千年の時を経て、また現世に表れ、悪霊調伏の強い力を持ち、慈悲をもって人々を導く神様として、六水院の本尊となりました。

六字明王は明王の異名を持ちながら、菩薩の姿で表わしたり、また六観音の変化ともいわれ、さらには江戸時代に編纂された仏像の図録では如来部に分類されることから、明王、菩薩、如来へと変化可能な神様であり、六水院の管長である下ヨシ子が六字如来、六字菩薩を案出しました。

六字明王のご利益は主に怨敵調伏、呪詛返し、息災、延命など。六字菩薩は菩薩の名のとおり、ご先祖様を守り、家門繁栄が主なご利益となります。

そして六字明王の最終変化である六字如来は、さらに幅広く、己の心、内面、姿勢を変え、そして敵を作らずに、逆に味方にしてしまうという効力があります。そのため、明王や菩薩のような武具は持っておらず、蓮華と念珠を携え、宝珠（宝石）を身につけています。また表情は阿弥陀如来や薬師如来、また密教の最高仏・大日如来などと同様に、穏やかで優しいものとなっています。

真言の「オン　メニ　パドメ　フム」は、マニが「宝珠」を、パドメが「蓮華」が意味し、「蓮華の中におわします、宝珠よ」となります。また、「宝の蓮華を持つ者よ」という説もあります。

これは六字大明呪《ろくじだいみょうじゅ》、仏教の陀羅尼（呪文）の1つで、「オム・マニ・ペメ・フム」はチベット仏教徒によって最もよく唱えられている真言といわれています。

六字如来の変化

六字如来

真言　オン　マニ　パドメ　イ　フム

特徴
・坐像
・武具は持たずに、蓮華と念珠を持つ
・首から宝珠の首飾りをかけている

ご利益
・自分の内面を磨く、敵を味方にする

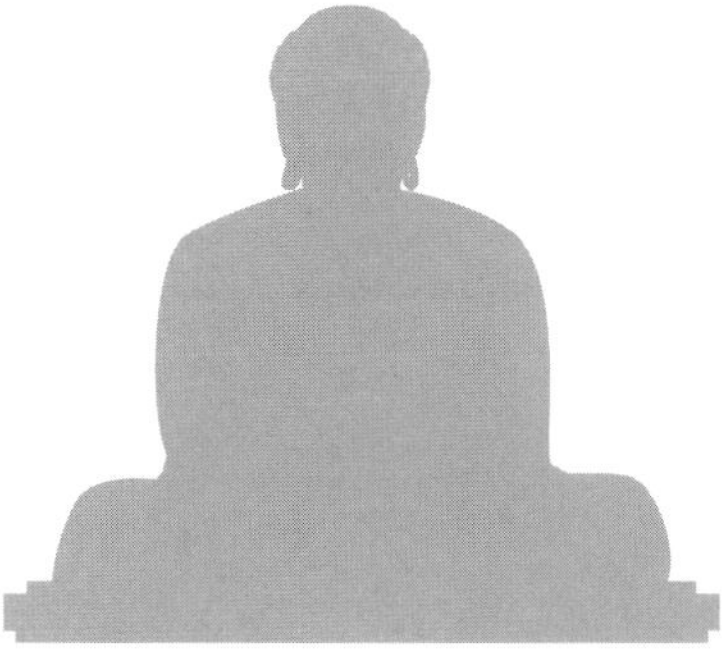

六字菩薩

特徴
・半跏坐で大剣と戟を持つ

ご利益
・ご先祖様を守る
・その功徳によって、菩薩芯を授かることができる

六字明王

ご利益
・邪気を祓う
・調伏する

六字明王との出会い

貧しかった子ども時代

私は、もともと神仏を厚く敬《うやま》っていたわけでも、スピリチュアルな事柄に興味があったわけでもありません。かつては普通の人以上に俗にまみれて生きてきました。今でも自分はかなりの現実主義者であると思っています。それもこれも、私の生い立ちによるものです。

私はとにかく貧しい家に生まれ育ちました。衣食住すべてに困窮し、それこそ毎日の食事にも事欠くありさまで、おかずはおろか、お米すらない日も珍しいことではありませんでした。学校の給食費や教材費を払うこともままならず、身なりもみすぼらしい私は、当たり前のように同級生たちにイジメられ続けました。彼らを諫《いさ》めるどころか、一緒になって私を嘲《あざけ》り、いびる先生もいたほどです。私が「貧乏」を憎み、あさましいほど「お金がほしい」と願ったのは、無理もないことでしょう。

進学など到底望めない状況でしたから、中学を卒業すると同時に、私は社会に出ました。「成功して金持ちになる」ことだけを目標に、文字通り寝る間を惜しんでがむしゃらに働き、その甲斐あって21歳という若さで自分の店を持つことができました。私を苦しめ続けた貧しさから、ようやく解放されたのです。結婚をして、子どもにも恵まれました。

しかし、それなりの成功を収めれば少なからず妬《ねた》まれるもので、裏切りや嫌がらせは跡を絶たず、仕事そのものは幸い順調でしたが忙しさは加速度を増し、喜びに浸《ひた》るどころかストレスが溜まる一方でした。そのうえ交通事故と病気に立て続けに見舞われ、その後遺症と薬の副作用にも悩まされ続けました。

プライベートでも母を早くに亡くしたり、母の死から自暴自棄になった父の世話に追われたり……。仕事にかまけすぎて夫とは離婚、愛情不足から息子はグレはじめ、娘は私に対して他人と接するようによそよそしくなっていきました。当時を振り返っても、よい思い出などほとんどありません。

貧乏から脱出したいと思い、ひたむきに頑張ってきましたが、ふと立ち止まってみると、残ったのは虚無感《きょむかん》だけでした。これならば子どものころのほうがまだマシだったと何度思ったでしょう。いくら頑張ったところで、私は幸せにはなれないのだと嘆《なげ》いてばかりでした。

ある晩、突然現れたロクジミョウオウ

そんな私の人生が、一変したのは四十四歳の時です。六字明王様という神様が私のもとに

現れ、霊能力を授けてくださったのです。

ある日、私は熊本の家で原因不明の熱病に襲われました。「なんだか体が熱い」と思っているると、あっという間に全身に熱湯を浴びせられたような感覚になり、あわてて体温計で計ると、四十度近くを指しています。これほどの高熱は初めての経験でした。特に風邪の兆候があったわけでもなく、また咳《せき》や喉《のど》の痛みといった症状が出ているわけでもありません。そして不思議なことに、意識は朦朧《もうろう》として体は燃えたぎるように熱いのですが、悪寒《おかん》や吐き気はしません。

「何だろう……、変な病気かしら。とにかく寝ておくしかないね」

私はベッドで横になることにしました。そういう時に限って、私の周りはみな忙しく、看病についてくれる人は誰もいません。仕方なく、突然のことでわけもわからぬまま、発熱に一人で耐えていました。

そんな状態が三十分ほど続いたでしょうか。私はふいにベッドの脇に何かがいる気配を感じました。「誰か来てくれたのか」と、朦朧とする意識の中でそちらに顔を向けると、目に飛び込んできたのは、身長一メートルほどの金色に光り輝く人らしきものが、ベッドの横に並ぶ姿でした。

「はあ？　何なのこれ？」

予想外の出来事に、私は思わず、「いち、に、さん」と数を数えていました。全部で六人いることを確認すると、ようやく頭がまわり出し、「熱のせいで幻覚が見えているのかも」と考えましたが、それにしても金色に輝く人たちはあまりにリアルで、存在感があります。手を伸ばせば触れることができそうなくらいです。

少し不安に感じましたが、不思議と怖いとは感じませんでした。以前に観たテレビ番組で宇宙人にさらわれた主婦の話が放映されていましたが、私も連れ去りにきたのかなど、とっさに頭をよぎりました。しかし、その金色の人たちは何をするわけでもなく、ずっと立ちながら私を見ています。そうするうちに、フッと消えてしまいました。

「やっぱり幻覚か、早く熱を下げないとまずいな」と再び目を閉じると、今度は頭のほうから声が聞こえてきました。

何か呪文ような言葉で、何を言っているのかわかりません。それでも集中して、声に耳を傾けると、「ネンビカンノリキ、ネンビカンノリキ……」と繰り返しているのが聞こえました。それでも意味はまったくわかりません。

ただ、どこか気持ちがスゥーと安らぎます。そして次第に言葉は直接、胸の中に入ってくるような感覚になりました。声は確かに音として響いているのに、聞いているのは耳ではなく、直接体の中にしみ込んでくる感じです。そのまま身を委《ゆだ》ねていると、金色の人たち同様、声もフッと消えてしまいました。

「何だったのか、今のは」

少し時間を経て、再び声が聞こえてきました。今度も呪文のようなものを繰り返していますが、先ほどよりもさらに難解で、聞き取ることができません。私は思い切って、「どちら様ですか？」と尋ねてみました。すると柔らかな声が聞こえてきました。

「……ロクジミョウオウです」

はっきりと聞こえたのですが、「ロクジミョウオウ」という名に心当たりはありません。もう一度、「どちら様ですか？」と問いかけると、「ロクジミョウオウです」という声。

「熱のせいでいよいよ頭がおかしくなったのか……。でも、ロクジミョウオウと二回もはっきり聞こえた」などとあれこれ考えていると、声はいつの間にか消えていました。そして同時に、熱がみるみる下がり始めたのです。

自分の身に何が起こったのか、まったく理解できませんでしたが、何はともあれ楽になってよかったと、そのまま寝入ってしまいました。

翌日、熱はすっかり下がっていました。ただ、昨夜の出来事が気になって仕方ありません。家族や周囲の人たちに打ち明けてみたものの、返ってくるのは「夢でも見たのでしょ」というすげない答えばかりでした。

しかし、私はあのリアルな体験が夢や幻覚といったものではないと思っていました。その晩以降、「ロクジミョウオウ」と名乗る声はたびたび現れ、あの聞き取れない呪文を繰り返すのです。

「これは神様なのかも……」

疑心暗鬼でしたが、私の身の回りでも不思議なことが起き始めたのです。

水槽から飛び跳ねた熱帯魚

別のある朝のこと、目がパカッと開き、身も心も軽快にベッドからサッと起き上がることができたのです。私は長年ヘルニアを患《わずら》っており、朝目覚めると同時に全身の痛みやだるさを感じ、ベッドから離れるだけで三十分もかかっていました。本当に、スカッと爽《さわ》やかな朝が迎えられたのは何年ぶりのことでしょう。

ふと思い返してみると、神様が現れてから、体調がいいことに気づきました。そして手足を動かしてみると、妙に軽いのです。体は硬いほうでしたが、前屈してみると楽々と床に手が触れました。今でもその柔軟性は損《そこ》なわれず、背中に手を回して合掌《がっしょう》ができます。さらにレントゲンを撮ると、いまだに骨は歪《ゆが》んでいてヘルニア自体は治っていませんが、この時から痛みはまったくなくなりました。

ただ、自分の感覚でしか神様の存在がわからないという状態は、どうしても「気のせいか」とか「ただの偶然」という言葉を連想させ、私は次第に何かもっとはっきりと、目に見えるような証拠がほしいと切望するようになりました。

そして今思えば不遜にも、ある日思い切って、「どうか本物の神様なら証拠を見せてください。私にわかるように合図をしてください」と念じたのです。

すると間髪を入れず、部屋に置いてあった水槽の中の熱帯魚たちが勢いよく泳ぎ出したではありませんか。いえ泳ぐというより、飛び跳ねる感じで、バシャバシャと水しぶきを上げ、外に飛び出さんばかりです。直前まではいつも通り、おとなしくしてたのに……。ピチピチ音を立てる魚たちを前に、私は呆然と立ち尽くしてしまいました。

しかし石橋を叩いて〝割る〟ほど慎重になっていた私は、疑念を払拭し切れません。「水の中に虫でも入ったのかもしれん。だいたい見ていたのは私一人。証拠にはならない」と考え、従業員の女の子にこの体験を打ち明け、再度確かめたいから立ち会ってほしいとお願いしました。そして数日後、一緒に部屋まで来てもらい、もう一度「神様、合図をください」と念じてみたのです。

スイスイと何事もなく泳いでいた熱帯魚たちは、案の定、身を躍《おど》らせて水しぶきをあげ始めました。その突然の変化、魚たちの激しい泳ぎっぷりに女の子は、「うわっ、怖い」と悲鳴に似た声をあげつつも、「私もこの目で見ました！　下さんが念じると、すぐに魚が飛び跳ねましたよ」と証人になってくれました。

「神様の使いっぱしり」として

数々の不思議な体験から、神様が自分に宿ったことへの確信は深まっていきましたが、どうにもわからないのが、「ロクジミョウオウ」のご正体でした。文献など当たれば、数は少ないものの確認できると今は知っていますが、当時はいくら調べても、なぜか手がかりすらつかめなかったのです。

弱り果てた私は、「ロクジミョウオウ」が出現するたびに聞こえる長々とした呪文を、とりあえず覚えてみようと紙に書き取ることにしました。

ところが、これが思いのほか難しく、いざ文字にしたものを読み上げてみると、聞こえてくる声とはどこか違います。

「〝うんぎゃーち　ぎゃあーち〟……いや違う」

「〝おんぎゃーち、ぎゃーちゃー〟……これもおかしい」

書いては消し、書いては消しの連続。これで完璧、間違いなしとなるまで、結構な時間を要しました。

結局、六字明王様は何と唱《とな》えていらしたかというと、

「オンギャーチ　ギャーチュー　ギャービチ　カンジュー　カンジュー　タチバチ　ソワカ」

そう、ご自身の真言だったのです。

今では当たり前のように儀式で唱え、みなさんにもご紹介している真言ですが、最初のころはこんなふうに手探り状態だったのです。

六字明王様と出会ってからは、当人にしか知らない悩みやその解決法をズバズバと言い当

てたり、未来に起こる出来事が手に取るようにわかるようになりました。何より目には見えないはずの「霊」が見えるようになってしまったのです。もっとも現実の目で見るのではなく、心の目で見るという感じですが、ともかく自分はとんでもない力を授かってしまったと喜ぶよりも前に困惑しました。

しかし六字明王様は何度も現れ、「お前の力で人々を救いなさい」とくり返し語りかけてこられたのです。この力は自分だけのものではない、すべてを神様に委ねよう……私は一大決心をし、仏門を叩きました。そして得度を受けて僧侶となったのでした。

千二百年ぶりの「六字河臨法」

二〇〇五年に「六水院」の院号をいただき、熊本の自宅の一番広い部屋に祭壇を設けて仏殿とし、門には「修験真言宗　総本山金剛寺派　六水院」と表札を掲げました。同年の十二月には阿闍梨(密教で修行が一定に達し、秘法を伝授された僧)の位を授かり、その後も金剛寺での修業は二〇〇四年ごろまで続き、僧侶としての研鑽を積ませていただきました。

そして二〇〇六年六月六日に六水院の神殿を建立しました。

その後も順風満帆とはいかず、幾多の困難もありましたが、六字明王様に助けられ、私を信じてついてきてくれる弟子や信者さんに支えられ、そしてまた私と六水院の活動を知っていただける機会にも恵まれ、明るいほう明るいほうへと進み続けていることを実感しています。多忙であることは変わりませんが、実業家時代のそれとはまったく別で、心満たされる日々です。

二〇一九年十二月二十日、六字如来像の入魂式を行ないました。そして二〇二〇年になると、世界中で感染が拡大していく状況にますますの危惧を覚え、疫病終息へ向けて「六字河臨法」を執り行うことを一大決心し、その準備に奔走しました。

一大決心というと大げさなよう

ですが、「六字河臨法」は、千二百年以上昔に、唐（現在の中国）より伝えられた密教・修験道系の秘法で、河川に船を浮かべて六字教法を行なうという壮大なものです。それだけに大変、霊験あらたかとされますが、船を用意するなど大がかりなせいか、これまで千年近くの間、実際に執り行なった寺院はないと伝え聞いていました。当然、誰かにやり方を教わることはできません。

ただ、幸いにして「六字河臨法」について、日ごろからお世話になっている他宗派のご住職たちのお知恵も拝借して内容を詰め、準備を進めていきました。

そして、まず五月三日に、「六字河臨法」の成功を祈る護摩供養を行ない、五月八日に、私の生まれ故郷である佐賀県の某所で本番を迎えました。

せっかくなので、「六字河臨法」の様子を、ここでちょっとご紹介しておきましょう。

まず河川に二隻の船を浮かべ、一隻の船上には護摩壇（祈願用）を、もう一隻の船上には釜（ご供養用）の準備をし、九時すぎから儀式は始まりました。当日は天候にも恵まれ、護摩の炎は天を目指して真っすぐに上がり、釜も見事に鳴り響きました。そのうえ護摩壇への点火と、釜への献米がちょうど満潮時刻に当たり、儀式終了が引き潮のタイミングだったのです。満潮で捧げた祈りは、まさに満願成就となり、儀式が終わると同時に引き潮と共に、悪いものは去っていったと信じています。

さらに、翌日も不思議なことがありました。「六字河臨法」を無事終えたことの報告とお礼を神様に伝えるお行をしていた時のことです。窓をコンコンと叩く音がするので、何だろうと思い、そちらを見ると、水色をした古い時代の中国や韓国のような服をまとった男性が、こちらに向かって「こんにちは」とでも言うような仕草をしている姿が脳裏に浮かんだのです。その瞬間、この人の名前は「〝じょふく〟だ」とピンときました。

もっとも私は歴史に疎いので、誰のことやらよくわかりません。そこで周りの人に聞いてみたり、自分でも調べてみたところ、「〝じょふく〟は〝徐福〟であり、古代中国の王朝・秦の始皇帝の命を受け、不老不死の薬を求めて日本にやってきて、そのまま住み着き、当時、最先端だった秦のさまざまな技術を日本に伝えた人物」とわかりました。また、私は気づいていなかったのですが、「六字河臨法」を行なった場所の近くに、徐福の銅像があったそうです。

徐福についてはさまざまな伝説が残されていますが、いずれにせよ「不老不死」や「優れた技術の伝来」が必ずといっていいほどついて回ります。コロナ禍を考えると、「不老不死」は「健康増進」や「当病平癒」に、「優れた技術」は「ワクチンや特効薬の開発」につながりますから縁起がいいことに違いはありません。「徐福さんも力を貸してくれているんだ」と、とても心強くなりました。

その後も日々、感染拡大防止のため自分や六水院にできることは何だろうと考えていたところ、ある晩、徐福が夢に現れ、「五月三十日、満潮時刻から次の満潮までお行をするように」とメッセージを送ってこられたのです。

そこでメッセージの通り、五月三十日に、佐賀県で満潮を迎えるとされる三時〇三分の少し前から、次の満潮とされる十五時〇九分過ぎまで、新型コロナウイルス早期終息を願い、約十二時間の長行を行ないました。しかも、この時のお行は、六水院の教師だけでなく、他宗派のご住職や信者さんもそれぞれがお住まいの場所から同時刻に遥拝するという初めての試みに挑戦し、離れていても心はひとつという、ありがたくも嬉しい形になりました。私たち皆の願いは、きっと神様のもとに届いたはずです。

もちろん、これ以降も毎日、私や六水院の教師たちで祈りを捧げ続けています。

改めて振り返ってみると、六字明王様と出会ってからのほうが覚悟が必要でした。神様はさまざまな智恵や霊能力を授けてくださいましたが、それはひとりでも多くの人を正道に導くためにあります。「こちらですよ」と皆さんの行く手を示すことはできますが、私自身のために使うことはできません。言うなれば、神様は私に「先達となりなさい」と命じると同時に、己の楽に陥らないよう後ろだけを照らす懐中電灯を手渡されたわけで、私の前は今も暗く、手探り状態が続いています。しかし神様の使いっぱしりとして、今後も前に進んでいきたいと思います。

Column

六水院が行なう「浄霊《じょうれい》」とは

ここで六水院で行なっている「浄霊」について、紹介しておきます。

よく聞く言葉に「除霊《じょれい》」がありますが、これは憑《つ》いた霊をその人から外すだけなので、そのときはよくても再度取り憑かれてしまったり、別の誰かに憑いてしまったりで、根本的な解決にはなりません。そのため六水院では、ご本尊である六字明王をはじめ、さまざまな神仏の力をお借りして、未成仏霊を外したうえで、あの世にきちんと導きます。

また、生霊《いきりょう》は浄化したうえで、生霊を飛ばした本人に戻します。つまり浄霊とは、霊障に苦しむ人だけでなく、霊そのものも救うことなのです。

なお、霊たちを慰め、あるべき場所へと導くことができるのは、得度（僧侶になること）を受けて、ふさわしい修行を積んだなど、きちんとしたバックボーンがある人だけです。本などで聞きかじった程度の知識で霊を取り除こうとすると、霊にやり返されたり、取り憑かれた人の魂に取り返しのつかない傷を与えてしまう恐れがあります。自分で祓《はら》い事をしてみようと考えたり、半可通《はんかつう》の人に任《まか》せるのは絶対にやめてください。

第2章

神様の世界と特徴

仏教では多くの仏様がいますが、
ここではその中でも代表的な
仏様、神様を簡単に紹介します。

仏教における神様とは？

「神」とは人知を超越した力を持つ存在のこと。神は人々に禍福《かふく》をもたらすとされ、それゆえ人々は神を畏怖《いふ》し、信仰の対象とします。

仏とは、「悟りを開いた人」

どのような神を信仰するかによって、一神教、多神教と宗教の形は分かれ、また、さまざまな宗教がある中、神の名もさまざまにあります。

仏教における神は、「仏」のことです。「仏」とは本来サンスクリット語（古代インド語）の「ブッダ＝悟りを開いた人、真理に目覚めた人」からきており、インドから中国に仏教が伝来した際、「仏陀」と音訳され、それがまた略されて「仏」となりました。

ブッダというと、仏教の開祖であるお釈迦《しゃか》様が浮かぶと思いますが、お釈迦様以外にも悟りを開いた存在はいるので、ブッダ自体は複数いる、ということになります。

ブッダの類語には「如来《にょらい》」もあります。「如来」はサンスクリット語で「かくの如く行ける人」「かくの如く来れる人」を指し、すなわち「修行を完成させ、悟りを開き、真理の世界から衆生救済のためにこの世にやってきた人」という意味です。

つまり仏とは、厳密に言えば「悟りを開いた人」だけなわけですが、実際に仏として崇《あが》められるのは、お釈迦様や大日如来をはじめとする如来だけではありません。菩薩《ぼさつ》や明王、天部なども、「仏」として尊崇されています。インドのヒンドゥー教やバラモン教の神様が、仏教に取り込まれたものも少なくありません。

お釈迦様のお弟子さんたち、いわゆる十大弟子や、弘法大師・空海、達磨《だるま》大師といった各宗派の祖師や高僧も信仰の対象です。その証拠に、これらの「仏像」は数多作られています。

その意味では、「仏」の解釈は幅広いものであり、仏教においては、人々を救うために奔走《ほんそう》してくださるすべての尊格が神であると言えるでしょう。

仏様の4つのランク

如来

仏界の最高ランク
すでに悟りを開いた状態

仏像の特徴
・髪は螺髪（らほつ）
・服装はシンプル。装飾品をつけていない（大日如来は例外）
・印相や持物によって見分けられる

菩薩

将来、如来となることが約束されている仏様。釈迦が悟りを開く前の姿がモデルとなっている

仏像の特徴
・きらびやか装飾品をつけている
・髪を伸ばし、結んでいる

明王

如来の化身として欲望にとらわれる人や仏教に導く教えに従わない人を叱り、諭す

仏像の特徴
・武器を持っている
・憤怒相

天部

インドの神様（ヒンドゥー教など）が、仏教に取り入れられ、他の仏を守る役割

仏像の特徴
・鎧や武器をまとう

●その他の仏像

上記の4つのランクに属していない神様、お釈迦様の弟子（羅漢）、仏教を広めた僧侶など

仏像の特徴
・人間のため、頭は一つ、手は二本

曼陀羅の世界

曼荼羅に見る仏教の世界観

曼陀羅《まんだら》とは、仏教の流派のひとつである密教において、修行や儀式の際に用いる図のことです。

諸仏諸尊が整然と美しく配置

曼陀羅は、サンスクリット語の「マンダラ」を音写した言葉であり、「本質を有するもの」「完成されたもの」という意味です。つまり、悟りの境地や仏教の世界観を表すものなのです。

密教の教えは非常に難解ゆえ、言葉や文字だけで伝えるのは困難なため、教えを視覚化した曼陀羅を見ることが適切とされてきました。具体的には、密教の経典に基づき、主尊を中心に、諸仏諸尊が集会する様子が描かれています。

曼陀羅にはさまざまな種類がありますが、中でも有名なのが、空海が唐より請来した胎蔵界《たいぞう》・金剛界《こんごう》の両界曼荼羅です。どちらも大日如来を主尊とし、数多の諸仏諸尊が整然と美しく配置されています。

「胎蔵界曼陀羅」は、「大日経」に基づくもので、大日如来の「理《ことわり》」(真理)を表すものです。正確には「大悲《だいひ》胎蔵生曼陀羅《たいぞうしょうまんだら》」と言い、大悲=仏の慈悲により、人間の中に胎蔵されている=胎児のように眠っている仏性が目覚め、生長し、悟りという実りを迎えるまでの過程を示しています。

また、大日如来の慈悲からすべての仏、菩薩が生じ、衆生を救済することも象徴しています。

胎蔵界曼陀羅の構成は、中央に大日如来が座す八葉の蓮華をかたどった中台八葉院があり、そこから放射状に仏の世界が四方八方に展開していきます。

「金剛界曼荼羅」は、「金剛頂経」に基づくもので、大日如来の「智恵」を表すものです。大日如来の智恵は、金剛=ダイヤモンドのように堅固なものであり、何ものにも屈することはないことを示しています。

金剛界曼荼羅は、九つの会(諸尊の集まり)から構成されているため、九会曼陀羅とも呼ばれます。

両界曼荼羅

胎蔵曼荼羅

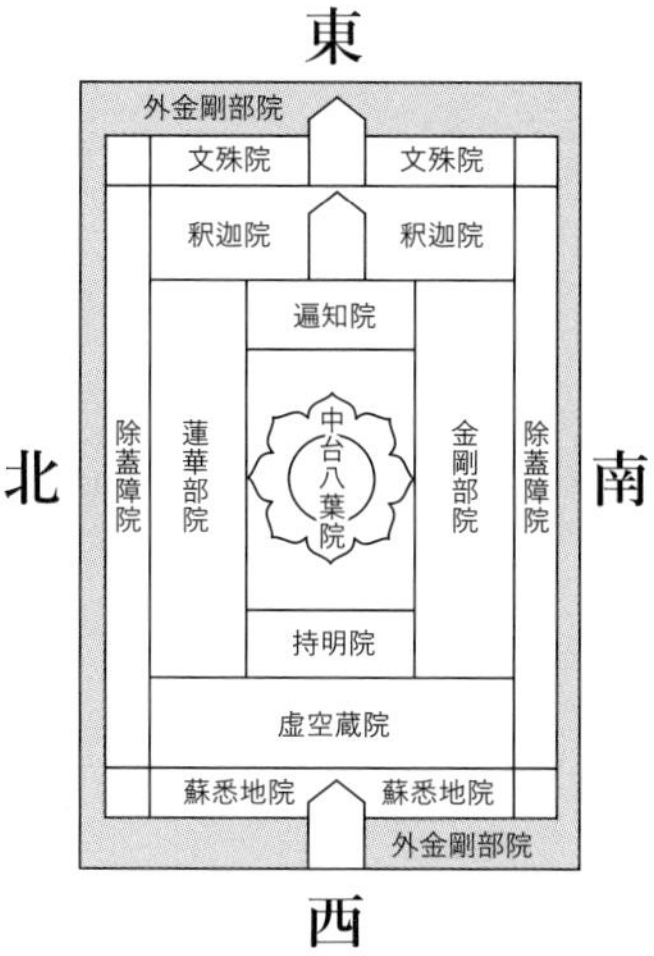

金剛界曼荼羅

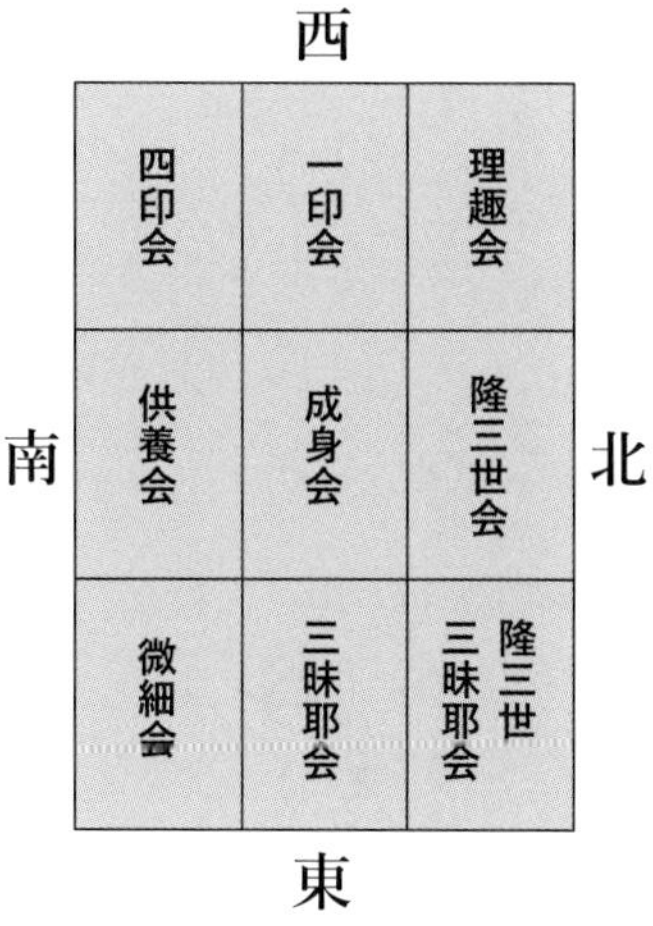

如来＝真の悟りを得た者

如来とは、サンスクリット語の「タターガタ」の訳語で「かくの如く行ける人」「真理に到達した者」などの意味を持ちます。

如来の衣装はなぜ簡素なのか？

如来は完全な人格者であり、真の悟りを得た者です。その意味では「ブッダ＝悟りを開いた人」と同意です。

仏教が誕生した当時、如来となったのは、仏教の開祖であるお釈迦様だけでした。実在の人物で悟りを開いたのは、お釈迦様しかいないからです。

しかし、お釈迦様の入滅後（死後）、その教えをまとめていく過程で、悟りを開いた人は、お釈迦様以前にも七人いたという説（過去七仏）が生じ、さらに釈迦入滅後の未来にも悟りを開く人がいるはずとされ、未来仏たる弥勒《みろく》如来（今はまだ菩薩）も出現しました。お釈迦様が開いた悟りをもとに解釈した結果、さまざまな如来や、さらには菩薩などの諸尊の存在が明らかになったともいえます。

如来の姿は悟りを開いたあと、つまり出家したお釈迦様の姿をもとにしているため、下着（裳）を身につけるほかは、衣を一枚まとっただけの簡素なものです。

ただ、如来は人智を超越した存在であり、そのことを示すため、「三十二相八十種好」と呼ばれる身体的な特徴があります。三十二相は見てすぐわかるもので、頭の肉が盛り上がっている「肉髻《にっけい》相」、額の真ん中に右巻きの白い毛がある「白毫《びゃくごう》相」、すべての人を漏れなく救うという意味で指の間に水かきがある「手足《しゅそく》指《し》縵網《まんもう》相《そう》」などがよく知られています。

八十種好は細かな特徴であり、喉に三本のしわがある、耳たぶが肩につくほど長い（いわゆる福耳）、毛穴から香気が出るなどが代表的です。

また、如来は菩薩形の大日如来と持物を持った薬師如来以外は判別が困難で、どの如来かは印相（手の形）から見分けるしかありません。

如来とは？

梵語で「真理に到達した者」という意味。
仏の中で、最高の境地に至った存在、最高位

如来の種類

- **釈迦如来**（釈迦牟尼仏）
- **阿弥陀如来**（阿弥陀仏、無量寿仏、無量光仏）
- **薬師如来**（薬師瑠璃光如来、薬師仏）
- **五智如来**（金剛界五仏）
- **大日如来**（遍照如来、毘盧遮那仏）
- **阿閦如来**
- **宝生如来**
- **観自在王如来**
- **不空成就如来**　など

釈迦如来

五智如来

阿弥陀如来

薬師如来

大日如来

大日如来

大日如来は最高の仏格

大日如来は梵名（サンスクリット語での名前）、「マハーヴァイローチャナ」で、「太陽の子」「宇宙にあまねく存在する仏」という意味です。

空海が日本に伝えた真言密教の本尊

大日如来は魔訶毘盧遮那仏《まかびるしゃなぶつ》、遍照如来《へんしょうにょらい》とも呼ばれます。太陽の光のような智恵の光明によって、あらゆるものを等しく照らし、救ってくれます。

大日如来は、空海が唐から日本に伝えた真言密教の本尊であり、密教においては大日如来こそが仏法であり、すべての諸仏諸尊は大日如来の化身とされます。つまり、大日如来は最高の仏格なのです。それゆえ簡素な身なりをした他の如来とは違い、立派な格好をした姿で現されます。

具体的には頭には宝冠をかぶり、瓔珞（ネックレス）をかけ、腕釧《わんせん》・臂釧《ひせん》（ブレスレット）などの装身具で、きらびやかに飾ります。頭上には肉髻《にっけい》がなく、髻《もとどり》を結っているのも特徴です。また、坐像の一面二手（顔がひとつに、腕が二本）がほとんどです。

ただ、大日如来像には二種類あります。ひとつは、曼陀羅の項でも出てきた「大日経」に基づく「胎蔵界大日如来」であり、もうひとつは「金剛頂経」に基づく「金剛界大日如来」です。

違いを見極めるのは、印相です。胎蔵界大日如来は、法界定印を結んでいます。法界定印は、お腹の前で左の手の平の上に右手の甲を重ね、両方の親指を軽く触れ合わせたもの。これは最古の悟りを意味しています。

一方、金剛界大日如来は、智拳印を結んでいます。智拳印は、胸の前で左手の人差し指を立てて、親指を中に入れた拳を作り、その人差し指の第一関節から上を、右手で包み込んだものです。これは最高の智を意味しています。

先に述べたように大日如来は諸仏の源で、どの尊格の功徳も、根源的に発しているのは大日如来であると考えるため、そのご利益もオールマイティとされます。

大日如来像の特徴

持物

何も持たない

光背

身光、二重円光のものが多い

像容

結跏趺坐《けっかふざ》の座像。条帛《じょうはく》とよばれるショールのような薄布を左肩から右わき腹にかけて斜めに垂らし、裳《も》という布を腰に巻く。瓔珞（首飾り）、腕釧、臂釧（ブレスレット）など、きらびやかな装身具を身に着けている

頭部

頭上には肉髻がなく、髻を結って宝冠をかぶっている

台座

蓮華座

印相

智拳印
金剛界大日如来は、左手の人差し指を立て、その人差し指を右手で包みこむ
法界定印
胎蔵界大日如来は、お腹の前で両手の全指を伸ばして組み合わせる

梵字

金剛界

胎蔵界

大日如来

梵名　マハーヴァイローチャナ
別名　摩訶毘盧遮那如来、大光明遍照など
経典　「大日経」「金剛頂経」

真言

オン　アビラウンケン　バザラ　ダト　バン

釈迦如来は仏教の開祖

釈迦如来は実在した人物であるため、他の如来とは違い、その人生の節目に合わせて、八通りの姿で現されるのも特徴です。

悟りに至る智恵を「仏智悟入」

釈迦如来は仏教の開祖であり、実在の人物です。紀元前七〜五世紀頃に、現在のインド・ネパール国境付近で勢力を誇った釈迦族の王子として生まれました。この日は四月八日とされ、花祭り（降誕会）が催されます。また、釈迦族出身ゆえ「釈迦」と呼ばれますが、本名はゴータマ・シッダールタです。

シッダールタは王子として何不自由ない暮らしをしていましたが、二十九歳のときに人生の苦悩、いわゆる生老病死について思い悩み、解脱を求めて出家しました。以来、過酷な修行を積みましたが、解脱にはいたらず、三十五歳のときに苦行を捨て、菩提樹《ぼだいじゅ》の下で瞑想《めいそう》に入り、遂に悟りを開いたのです。

そして八十歳で入滅するまで、自分が得た悟りを各地で説き、多くの弟子や信者を集めました。入滅後は、永遠に衆生を救済してくれる仏、つまり釈迦如来として信仰されるようになりました。ご利益としては、生老病死の苦しみや迷いから脱し、悟りに至る智恵を授けてくれる、「仏智悟入《ぶっちごにゅう》」があります。

釈迦如来は八通りの姿に変化しますが、中でも多く見られるのが、誕生相と人々に説法をしている姿です。誕生相は、生まれた瞬間に七歩歩み、「天上天下唯我独《てんじょうてんがゆいがどく》尊《そん》」と言いながら、右手で天を、左手で地を指した姿であり、ふくよかな童子形で表されます。

説法をしている姿は、右手で不安や恐怖を取り除くという意味の施無畏印（手の平を前に向けたもの）を、左手は願いを叶えてくれるという意味の与願印（坐像なら手の平を上に向けて左膝に乗せ、立像なら下に垂らして手のひらを前に向けたもの）を結んでいます。

また、「涅槃《ねはん》像」は沙羅双樹《さらそうじゅ》の下で頭を北に右脇を下にし、涅槃の時を待つ姿が表されています。

釈迦如来像の特徴

光背

身光、二重円光のものが多い

頭部

螺髪《らほつ》と頂髻《ちょうけい》。おでこに白毫

像容

結跏趺座。納衣をまとい、装飾品は一切なし。単像のほかに、脇侍に文殊菩薩（左側）と普賢菩薩（右側）の三尊像も多く見られる

台座

蓮華座

印相

禅定印

右手は上げて、手を開いて指を伸ばし、掌を見せる「施無畏印」、左手は下に垂らす「与願印」の姿もある

梵字

釈迦如来

梵名　ゴータマ・シッダールタ
別名　釈迦牟尼仏

真言

ナウマク　サマンダ　ボダナン　バク

薬師如来

薬師如来のご利益は病気を治すこと

薬師如来は正式には「薬師《やくし》瑠璃《るり》光《こう》如来」と言い、瑠璃が輝く東方浄瑠璃の世界の教主です。大医王仏、医王尊とも呼ばれます。

俗的な願いを理解し、救ってくれる仏

薬師如来の梵名は「バイシャジャグル」で「医薬の師」という意味です。脇侍に日光・月光菩薩を従えることが多く、十二神将を伴うこともあります。

薬師如来は「薬壺」を手にしているのが特徴です。物を持っている如来は、薬師如来以外にいません。

現世利益を全面に押し出している点も特異です。如来はあまりにも完璧な存在であり、ご利益の内容も高尚で、庶民にはわかりにくいことが多いですが、薬師如来のご利益は、とても現実的で具体的です。

実際、薬師如来の一番のご利益は病気を治すことです。これは薬師如来がまだ菩薩として修行中のとき、如来に成仏するために立てた十二の大願の中に「徐病安楽」があることからきています。

十二の大願には、「苦悩解脱」＝人々が悩みから解放されること、「具戒清浄」＝地獄に落ちないよう人々を正しく導くことは、「飽食安楽」＝人々が美味しいものを飽きるほど食べられること、「美衣満足」＝誰もが美しい衣服を着られること、などもあります。

ある意味、薬師如来は人々の俗的な願いを理解し、同じ目線に立って救ってくれる仏なのです。そのため人々も親しみを抱きやすく、古来より多くの信仰を集めました。

薬師如来の姿は大きく分けてふたつあります。ひとつは飛鳥時代から奈良時代にかけて見られるもので、坐像、立像ともに、右手で施無畏印《せむいいん》、左手で与願印《よがんいん》を結んでいるものです。釈迦如来像と酷似しており、どちらか区別できない場合もあります。

もうひとつは、右手は施無畏印で、左の手の平に薬壺を乗せた姿です。平安時代以降は、こちらが一般的になりました。

薬師如来像の特徴

光背

六体の化仏

頭部

螺髪《らほつ》と頂髻《ちょうけい》

像容

立像・坐像ともにあるが、結跏趺座が多い。納衣をまとい、装飾品は一切なし

持物

左手に薬壺

印相

施無畏印
右手は上げて、手を開いて指を伸ばし、掌を見せる
与願印
左手は下に垂らす。この絵では薬壺を持っている

台座

蓮華座

梵字

薬師如来

梵名　バイシャジヤグル
別名　大医王、医王善逝
経典　『薬師瑠璃光如来本願功徳経』『薬師瑠璃光七佛本願功徳経』など

真言

オン　コロコロ　センダリ　マトウギ　ソワカ

阿弥陀如来

死後の安楽を約束してくれる仏

阿弥陀《あみだ》とは、サンスクリット語の「アミターユス」（無限の寿命を持つ者）と「アミターバ」（無限の光明を持つ者）を合わせた音からきています。

王子から衆生救済のために出家

阿弥陀如来は無量寿《むりょうじゅ》如来、無量光如来とも呼ばれます。阿弥陀如来の姿や役割は浄土三部経（『無量寿教』『観無量寿教』『阿弥陀経』）を典拠とします。

それによれば、阿弥陀如来はインドの王子でしたが、仏の教えに感銘を受け、衆生救済のために王位を捨てて出家し、法蔵菩薩になったとされます。その後、五劫（劫は極めて長い時間の単位）をかけて修行に励み、衆生救済の手立てを見出し、如来になるために四十八の誓願を立て、見事に成就し、阿弥陀如来として西方極楽浄土の教主となりました。

四十八の誓願のうち、「南無阿弥陀仏《なむあみだぶつ》と念仏を唱える衆生は必ず救い、極楽に往生させる」という第十八願に代表されるように、阿弥陀如来は死後の安楽を約束してくれる仏として、早くから尊崇を集めました。

阿弥陀如来の姿はさまざまに表されますが、表情や衣に際立った特徴はなく、他の如来との差異はありません。見分けるには印相が重要です。坐像の場合は、お腹の前で両手を重ね、それぞれの親指と人差し指で輪を作った阿弥陀定印か、右手を上げ、左手は下げ、それぞれの親指と人差し指で輪を作る来迎印を結ぶことが多く、立像は来迎印であることがほとんどです。

阿弥陀如来には、九品印《くほんいん》と呼ばれる九種類の印相もあります。これらは阿弥陀定印の変形であり、人々の日ごろの行ないや性格によって、極楽への迎え方が異なることを示しています。

九種類のうち最上は「上品上生印」で、最低は「下品下生印」です。私たちが普段使う「上品」「下品」という言葉は、ここからきています。また、来迎印は九品印のうちの「上品下生印」でもあります。

阿弥陀如来の特徴

持物

何も持たない

光背

長楕円形または円形の身光で、二重円光のものが多い

頭部

髪の毛は螺《ら》髪《ほつ》と呼ばれるブツブツの髪。頭の中央部が盛り上がっている。(頂髻相)

像容

納衣(人が捨てたぼろを縫って作った袈裟)を着用。この絵では通肩(両肩を覆う)。装飾品は一切身につけていない

台座

蓮華座

印相

阿弥陀定印

お腹の前で両手を重ね、それぞれの親指と人差し指で輪を作る

九品印《くほんいん》

阿弥陀定印の変形で、九種類の印相がある。それは極楽浄土へ迎えに来る方法が人によって違うため。大きく品・生に分けられ、さらに上・中・下にわけられている。この絵では「上品上生」

梵字

阿弥陀如来

梵名　「アミターバ」
別名　阿弥陀仏、無量光仏、無辺光仏など
経典　『仏説無量寿経』『仏説観無量寿経』『仏説阿弥陀経』

真言

オン　アミリタ　テイ　ゼイ　カラ　ウン

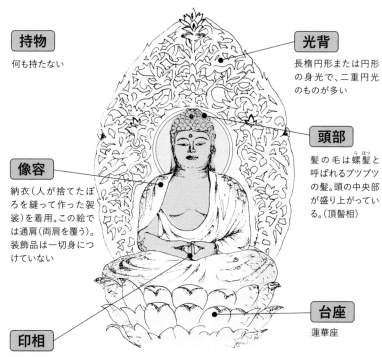

五智如来

大日如来が備える五つの智恵が如来に

大日如来が備える五つの智恵を、五体の如来（大日如来、阿閦《あしゅく》如来、宝生《ほうしょう》如来、阿弥陀如来、不空成就《ふくうじょうじゅ》如来）として当てはめたものです。

信仰は密教を学ぶ一部の人に限られていた

五智如来とは、大日如来が備える五つの智恵であり、「金剛頂経」に基づき、五体の如来となりました。大日如来（法界体性智＝大日如来の智恵であり、最高の智）、阿閦如来（大円鏡智＝鏡のように、すべてを明らかに映し出す清浄な智）、宝生如来（平等性智＝あらゆるものの平等を観ずる智）、阿弥陀如来（妙観察智＝人々をよく観察して教えを説き、疑いを解く智）、不空成就如来（成所作智＝なすべきことを成就させる智）から成ります。

五智如来への信仰は当初、密教を学ぶ一部の人に限られていました。時代が下ると庶民にも信仰されるようになりましたが、広く普及したとまではいえません。そのためか、曼陀羅の中で描かれることはありますが、五智如来だけを描いたものは見当たらず、仏像の作例も少数です。また、五智如来は中央に大日、東に阿閦、西に阿弥陀、南に宝生、北に不空成就を配するのが一般的です。

それぞれの如来の特徴は、大日如来と阿弥陀如来は別項で述べた通りです。

阿閦如来は、梵名を「アクショーブヤ」といいます。これは「不動、無動」という意味であり、阿閦如来の悟りの境地はゆるぎないものであることを示しています。東方世界で成仏し、現在も説法を続けているとされます。ご利益には当病平癒、無病息災、滅罪などがあります。

宝生如来は、梵名を「ラトナサンバヴァ」といい、「宝を生み出す者」という意味です。人々の願いを聞き入れ、宝を生むように望むものを与えてくれるとされます。ご利益は、阿閦如来と同じです。

不空成就如来は、梵名を「アモーガシッディ」といいます。これは「空しからず」、つまり充実しているという意味で、すべてを漏らすことなく、成し遂げる如来であることを示しています。単独のご利益は知られていません。

五智如来

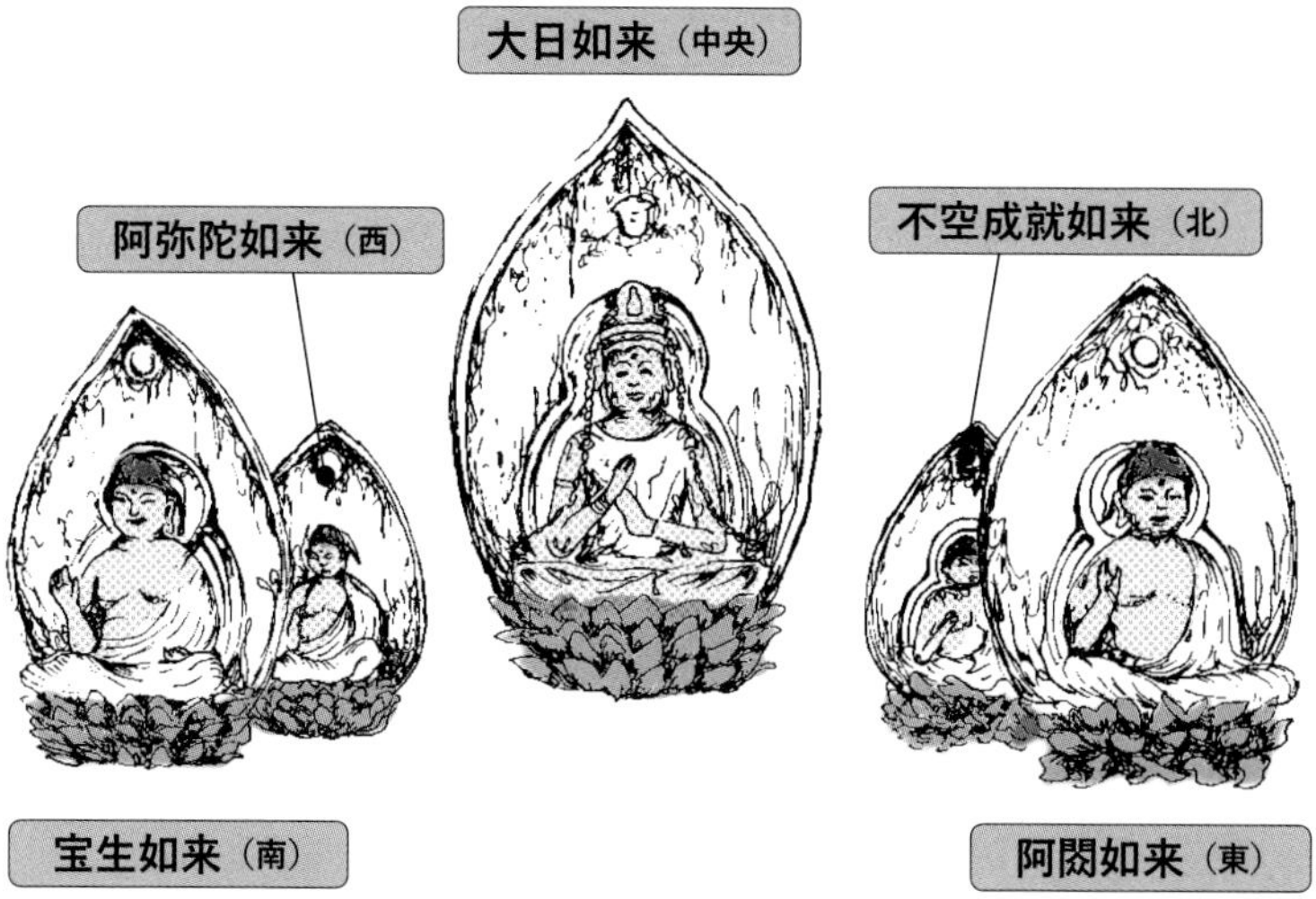
大日如来（中央）
阿弥陀如来（西）
不空成就如来（北）
宝生如来（南）
阿閦如来（東）

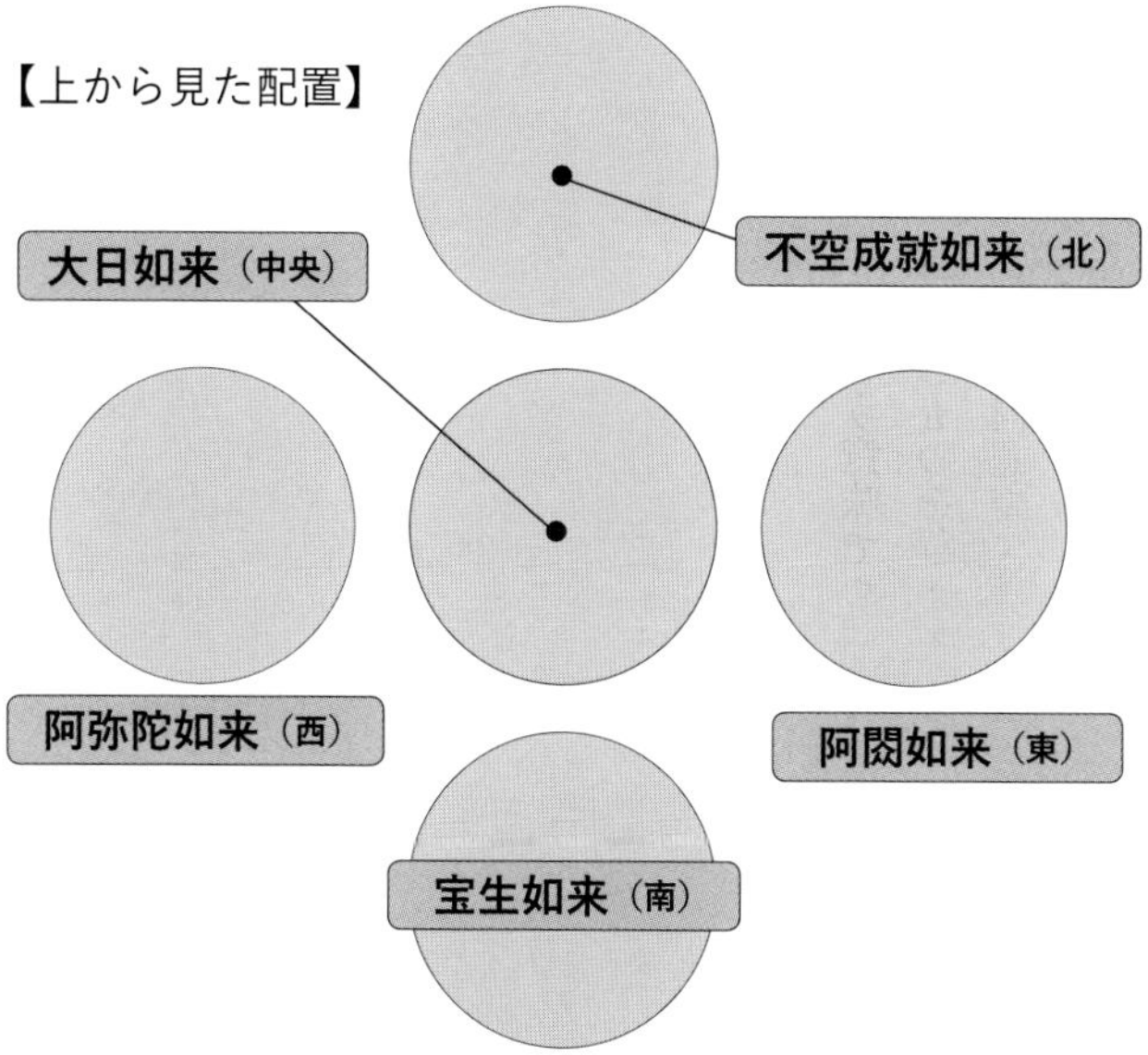
【上から見た配置】
不空成就如来（北）
大日如来（中央）
阿弥陀如来（西）
阿閦如来（東）
宝生如来（南）

菩薩とは？

菩薩は衆生救済や福徳授与にあたる仏

「菩提薩埵《ぼたいさった》」の略語で、サンスクリット語の「ボーディ・サットバ」が語源。「悟り（＝菩提）を求める者（＝薩埵）」という意味です。

菩薩の姿は王子時代の釈迦

菩薩は自らの正覚（正しく完全な悟り）を目指して修行に励むと同時に、衆生の教化救済にあたり、福徳を与えてくれます。これを「上求菩提《じょうぐぼだい》、下化衆生《げげしゅじょう》」といいます。

菩薩は本来、悟りを開く以前の王子時代の釈迦如来や、釈迦の前世を指すものでした。しかし時代が下ると、如来になることが予定されている尊格や、悟りを求めて修行をする、すべての人を「菩薩」と呼ぶようになりました。

特に大乗仏教の教えが広まるにつれ、「如来になることが約束されている、あるいはすでに悟りを開いているけれど、すべての衆生が救われるまでは、あえて仏にならず、人々を助け続ける」（自利利他行）と誓った尊格を菩薩と称すことが一般的になり、現在に至ります。

また、釈迦以外の如来たちの存在が明らかになるにつれ、それぞれの如来にも悟りを開く前の時代があった、つまり菩薩の時代があったことから、多くの菩薩像が考え出されました。高尚な悟りの境地や宇宙の真理を説く如来と比べ、衆生救済や福徳授与を全面に打ち出している菩薩は一般庶民にとって親しみやすく、ありがたい存在であり、古くから、さまざまな菩薩が信仰の対象になっています。

菩薩の姿は種類によって異なりますが、基本となるのは、王子時代（悟る前）の釈迦の姿です。

すなわち古代インドの貴族の姿であり、頭髪は高く結い上げ、上半身には天衣（肩から胸に垂らす布）や条帛《じょうはく》（たすき状に肩から腰へかける布）、下半身には裳を身につけます。装飾品も豪華で、宝冠、瓔珞《ようらく》（ネックレス）、臂釧《ひせん》・腕釧（ブレスレット）、耳璫《じとう》（イヤリング）できらびやかに飾ります。持物と呼ばれる持ち物を手にしているのも特徴です。

菩薩とは？

梵語で「悟りを求める者」いう意味。次期如来候補

菩薩の種類

・**文殊菩薩**
・**普賢菩薩**
・**普賢延命菩薩**
・**薬王菩薩**
・**地蔵菩薩**
・**虚空蔵菩薩**
・**弥勒菩薩**
・**観音菩薩**（聖観音、如意輪観音、十一面観音、千手観音、馬頭観音、准胝観音、不空羂索観音、六観音、三十三観音）
・**勢至菩薩**
・**日光菩薩**
・**月光菩薩**
・**金剛薩埵**　など

文殊菩薩

弥勒菩薩

地蔵菩薩

普賢菩薩

虚空蔵菩薩

観音菩薩

自在に姿を変えて救いの手を差し伸べる仏

観音菩薩は人々の苦しみを除き、福徳を与えてくれる「抜苦与楽《ばっくよらく》」の慈悲の菩薩。古来から広く信仰されている尊格のひとつです。

「観自在」「観世音」2つの意味

観音菩薩は、正しくは観自在菩薩、あるいは観世音菩薩といいます。梵名は「アヴァローキテーシュヴァラ」です。これは「観ること自在なる者」という意味で、そこから「観自在」となりました。また、「アヴァロキタ」（＝観）と「スヴァラ」（＝音）が合わさったものと考え、「観音」とも訳されます。

観自在とは、衆生の悩み苦しみや、世のありさまを観じることに自在で、同時に自在に姿を変えて救済にあたるという意味であり、観世音とは、人々の救いを求める声（＝音）を観じると、すぐさま救いの手を差し伸べるという意味です。

観音菩薩については「法華経」の中の「観世音菩薩普門品第二十五」（いわゆる「観音経」）に詳しく、そこでは観音菩薩は「施無畏者」と定義づけられています。施無《せむ》畏《い》者とは、「災いや怖れがない状態を人々に施してくれる者」という意味です。

「観音経」では「三十三応現身」も説かれています。これは、救済すべき相手や状況に応じて、観音菩薩は三十三の違った姿に自ら変身して現れる、というものです。

「三十三応現身」にあやかり、西国三十三か所霊場、坂東三十三か所霊場、秩父三十三か所霊場（のちに三十四か所）も作られました。

観音菩薩は南海の補陀落《ふだらく》浄土に住むとされ、補陀落と名づけられた霊山はアジア各地にあり、日本では日光の二荒山や、和歌山の那智山が有名です。中世には補陀落渡海（補陀落を目指して、単身、小舟で海を渡ること）も多く試みられました。

次ページより観音菩薩の変化したものを紹介していきます。

観音菩薩の変化《へんげ》

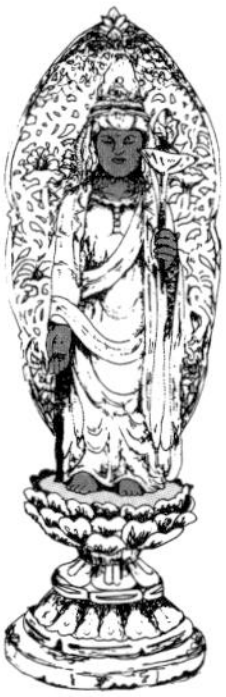

聖観音（基本）

如意輪観音

十一面観音

千手観音

三十三観音

准胝観音

馬頭観音

聖《しょう》観音

――変化する観音菩薩の基本の姿

前項で、観音菩薩は三十三の姿に変化すると述べましたが、聖観音はその基本となるものです。「正観音」とも書きます。通常、「観音菩薩」とだけ呼ぶ場合は、聖観音を指していると考えてかまいません。

聖観音の姿は、普通の人間の姿に近く、顔がひとつで手は二本の一面二臂です。

最大の特徴は、宝冠や額の上に小さな仏像をつけていることです。これを化仏《けぶつ》といい、本地仏（本来の姿）を示しています。聖観音の化仏は阿弥陀如来であり、つまり観音菩薩は阿弥陀如来が化身した菩薩とされるのです。阿弥陀三尊像でも、観音菩薩は勢至《せいし》菩薩と共に脇侍になっており、観音と阿弥陀は強い結びつきにあることがわかります。

また、聖観音の印相や持仏はさまざまですが、独尊で祀られる時は、一本の蓮の花や水瓶を持つことが多く、阿弥陀三尊像で祀られる時は、連座（蓮華のお盆のようなもの）を両手で捧げ持つ例が多く見られます。

千手観音

――慈悲と救済には限りがないことを示す

千手観音は、正しくは千手千眼観自在菩薩といいます。梵名は「サハスラブジャ」で、「無量円満」の意味です。千本の手を持ち、それぞれの手の平には眼があり、その眼で衆生の苦しみを観て、すぐさま救いの手を差し伸べるとされます。また、「千」とは「無限」も意味し、千手観音の慈悲と救済には限りがないことも示しています。

いずれにせよ、観音菩薩の本願である慈悲の働きを最大限に表現した尊格であり、蓮華王（観音の王の意）と呼ばれることもあります。

その姿を造形する場合、合掌した二手と、さまざまな持物を持った四十手の、計四十二手であることがほとんどです。これは、合掌した二手を除いた四十手が、一手につき、二十五の衆生を救う＝千になると考えるためです。

聖観音像の特徴

光背
二重円光、光線
頭部
宝冠に阿弥陀如来の化《け》仏《ぶつ》を付けている
像容
一面二臂の菩薩形。肩からわきの下にかけて絡縛を飾り、腰に裳を巻き、半裸体の姿が一般的
持物
左手につぼみの蓮華を持ち、右手でその蓮華の弁を開こうとしている。水瓶を持つものもある
台座
蓮華座

梵字

聖観音

梵名　アーリヤ・アヴァローキテーシュヴァラ
別名　施無畏者、南海大士
経典　「法華経」「無量寿経」

真言

オン　アロリキャ　ソワカ

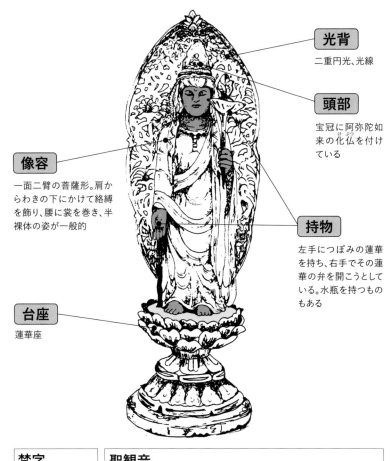

十一面観音

――あらゆる方向に顔を向け、人々を救う

十一面観音は変化観音のうち、最も早くに誕生したとされます。梵名は「エーカーダシャムカ」といい、「十一の顔を持つ者」という意味です。

十方（すべての方角・場所の意）に自身の顔を加えて十一面となり、あらゆる方向に顔を向け、人々を救うとされます。

また、十種の現世利益と、四種の来世での果報をもたらすともされ、十一面悔過法も古くから行なわれてきました。これは滅罪、求福、除災などを祈る法会で、東大寺二月堂で行なわれる「修二会」、いわゆる「お水取り」が有名です。

十一面観音の姿は、頭の周囲に十面をつけ、頭上に如来像を配するのが普通です。周囲の十面のうち、前三面は慈悲面（菩薩面）、左三面は瞋怒相（怒りの表情）、右三面は狗牙上出面（歯を出して微笑む）、後頭部一面は暴悪大笑面（邪道の者を笑い飛ばす）を示しています。

如意輪観音《にょいりん》

――願いを叶える珠と煩悩を砕く輪宝

如意輪は梵名を「チンターマニチャクラ」といい、「チンターマニ」は「如意宝珠」、チャクラは「輪宝」という意味です。如意宝珠はすべての願いを叶える珠であり、輪宝は煩悩を打ち砕くもの、つまり仏法を示します。

如意宝珠によって、思うままに財宝や福徳を与え、輪法によって、智恵を授け、迷いから解き放つという、衆生を物資的にも精神的にも救済してくれる尊格です。中でも増益、延命、除災、安産などに霊験があるとされます。

如意輪観音は一面六臂の坐像で表されることがほとんどです。その姿は特徴的で、右足を立て、両足裏を合わせた座り方（輪王座）をし、右手を頬にあてた思惟の形を取り、悩ましげな表情をしています。

これは悩み苦しむ衆生を心配し、どのようにして救おうかと深く考え込んでいる姿とされます。また、左第一手を台座に置き、他の手で如意宝珠、念珠、蓮華、輪宝を持ちます。

千手観音像の特徴

頭部

頭の周囲に十面をつけ、頭上に如来像を配する。髪の毛は結ってまとめる宝髻《ほうけい》

持物

宝輪、蓮華、日輪、月輪、宝経、錫杖、念珠など

印相

合掌印
胸前で合掌する

像容

十一面四十二臂。千本の手を持ち、それぞれの手の平には眼があるとされているが、その姿を造形する場合、合掌した二手とさまざまな持物を持った四十手の、計四十二手であることがほとんどである

台座

蓮華座

梵字

千手観音

梵名　サハスラブジャ
別名　十一面千手観音、千手千眼観音、十一面千手千眼観音、千手千臂観音
経典　「千手千眼陀羅尼経」

真言

オン　バザラ　ダルマ　キリク

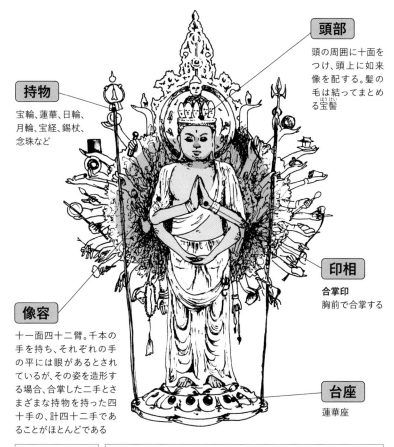

馬頭観音《ばとう》

──馬の首を頭上にいただく交通安全や旅の守り神

馬頭観音は、数ある変化観音の中でも特徴的な姿をしています。一面二臂、一面四臂、三面八臂など、さまざまに表されますが、その名の通り、馬の首を頭上にいただき、胸の前で馬頭印と呼ばれる、この観音特有の印を結んでいます。最大の特徴は、柔和な表情が基本である菩薩の中で、例外的に牙を出した忿怒相であることです。

馬頭観音は人々の煩悩を断じ、諸悪を滅するとされます。また、かつては重要な交通・輸送手段であった馬を守ってくれる仏と考えられ、そこから転じて、交通安全や旅の守り神としても信仰されるようになりました。

准胝観音《じゅんてい》

──仏を生み出した母として、子授け、安産にご利益

准胝は梵名を「チュンディー」といい、「清浄」という意味です。密教の女性尊で、准胝仏母、七倶胝仏母《しちぐていぶつぼ》とも呼ばれます。仏母とは、仏を生み出した母という意味で菩薩であると同時に仏（如来）でもあるとされます。

その姿は一面三眼十八臂で、頭には宝冠をいただき、蓮華座に、座るか立つかし、手には蓮華、宝珠、念珠、剣、斧などの持持を持つのが普通です。

女性尊だけあり、子授け、安産、夫婦和合に霊験あらたかとされます。また、延命、聡明などの功徳もあります。

三十三観音

──「三十三応現身」から派生した日本独自の仏

三十三観音は、観音菩薩の項で述べた「三十三応現身」から派生した日本独自のものです。民間で信仰されていた観音をあてはめたもので、江戸時代に刊行された「仏像図彙」がもとになっているとされます。

西国三十三カ所霊場や、坂東三十三カ所霊場で祀られているのは、たいてい六観音（聖・千手・十一面・如意輪・馬頭・准胝［もしくは不空羂索］）のいずれかであり、三十三観音はまず入りません。そのためか聞きなじみのない観音が多いですが、百衣《ひゃくえ》、楊柳《ようりゅう》などは比較的有名です。

十一面観音像の特徴

光背

身光、二重円光のものが多い

頭部

頭の周囲に十面をつけ、頭上に如来像を配する。髪の毛は結ってまとめてある宝髻《ほうけい》

像容

柔和相（三面）、憤怒相（三面）、白牙上出相（三面）、大笑相、頭頂に仏相の十一面

持物

念珠や錫杖、紅蓮を挿した花瓶を持つものもある

印相

施無畏印
右手は上げて、手を開いて指を伸ばし、掌を見せる

台座

蓮華座

梵字

十一面観音

梵名　エーカダシャムカ
経典　「十一面観自在菩薩心密言念誦儀軌経」「仏説十一面観世音神咒経」など

真言

オン　ロケイ　ジンバラ　キリク
オン　マカ　キャロニキャ　ソワカ

如意輪観音像の特徴

宝冠に阿弥陀如来の
化仏をつけている
持物
如意宝珠、念珠、
蓮華、輪宝を持つ
像容
一面六臂。両足裏
を合わせる輪王座
で、右膝を立て、右
手を頬にあてた思
惟の形を取る
台座
蓮華座

梵字

如意輪観音

梵名 チンターマニチャクラ
別名 大梵深遠観音、如意輪観音、救世菩薩
経典 「如意輪陀羅尼神呪経」

真言 ・オン　ハンドマ　シンダマニ　ジンバラ　ウン
・オン　バラダハンドメイ　ウン

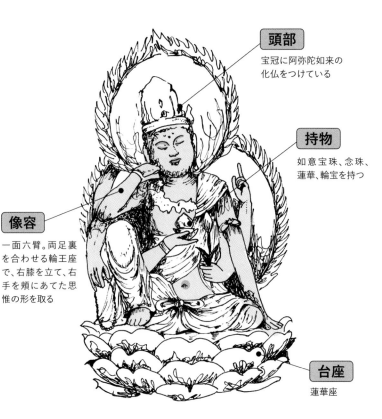

馬頭観音像の特徴

持物

剣、斧、宝輪、弓、箭《やだけ》（弓の矢）、金剛杖など

光背

火焔光

頭部

頭上に馬の頭をのせる

像容

一面二臂、一面四臂、三面八臂などさまざま。柔和な表情が基本である菩薩の中で、例外的に牙を出した忿怒相

印相

馬口印

人差し指と薬指を伸ばし、中指を折って合掌する。右側下方の手で施無畏印をとる

台座

蓮華座

梵字

馬頭観音

梵名　ハヤグリーヴァ

別名　馬頭観世音菩薩、馬頭明王、大持力明王

経典　「陀羅尼集経」

真言

オン　アミリト　ドハンバ　ウン　ハッタ　ソワカ

准胝観音像の特徴

持物

蓮華、宝珠、水瓶、念珠、剣など

光背

二重円光

像容

一面三眼十八臂のものが多い

印相

説法印
両手を胸の高さまで上げ、親指と他の指の先を合わせて輪を作る

台座

蓮華座。蓮華座の下に難陀・跋難陀の眷属二大龍王がいる場合も

梵字

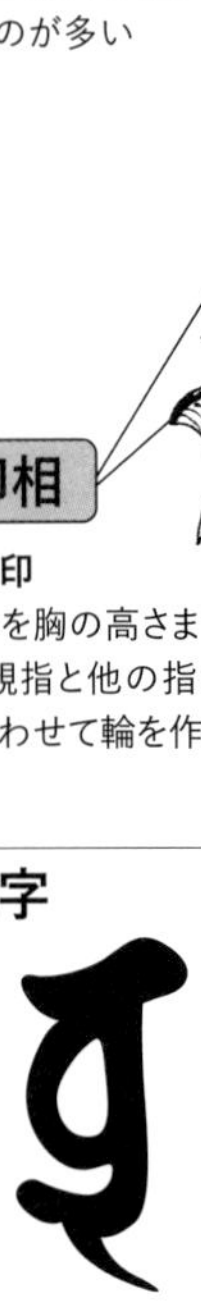

准胝観音

梵名　チュンダー
別名　七倶胝仏母、天人丈夫観音
経典　「七仏倶胝仏母心大准提陀羅尼法」

真言

オン　シャレイ　シュレイ　ジュンテイ　ソワカ

三十三体の形の異なる観音菩薩

①楊柳（ようりゅう）

②龍頭（りゅうず）

③持経（じきょう）

④円光（えんこう）

⑤遊戯（ゆげ）

⑥白衣（びゃくえ）

⑦蓮臥（れんが）

⑧滝見（たきみ）

⑨施薬（せやく）

⑩魚籃（ぎょらん）

⑪徳王（とくおう）

⑫水月（すいげつ）

⑬一葉（いちよう）

⑭青頸（しょうきょう）

⑮威徳（いとく）

⑯延命（えんめい）

⑰衆宝（しゅほう）

⑱岩戸（いわと）

⑲能静（のうじょう）

⑳阿耨（あのく）

㉑阿麽提（あまだい）

㉒葉衣（ようえ）

㉓瑠璃（るり）

㉔多羅尊（たらそん）

㉕蛤蜊（はまぐり）

㉖六時（ろくじ）

㉗普悲（ふひ）

㉘馬郎婦（めろうふ）

㉙合掌（がっしょう）

㉚一如（いちにょ）

㉛不二（ふに）

㉜持蓮（じれん）

㉝灑水（しゃすい）

地蔵菩薩

釈迦入滅から弥勒下生までの教化救済を担う

梵名「クシティガルパ」で、「大地を包蔵する者」という意味。大地があらゆる命を育む力を蔵するように、無限の慈悲で衆生救済にあたります。

賽の河原で幼子を救う

地蔵は釈迦如来が入滅してから弥勒菩薩が如来となり下生するまで、五十六億七千万年続く無仏の暗黒時代に現れ、六道（地獄・餓鬼・畜生・修羅・人・天の六つの迷える世界）を輪廻《りんね》して苦しむ、すべての衆生を教化・救済するとされます。

地獄の主神・閻魔大王は地蔵の化身であるともされ、六道の入り口には地蔵が立っており、人々を救うとも考えられました。これらのことから、現在も各地で見られる六地蔵が作られるようになりました。

また、地蔵は地獄の入り口にある賽《さい》の河原で、迷い苦しんでいる亡くなった幼子たちを救うとされ、子どもの守り神としても信仰されるようになりました。

地蔵の姿は本来、菩薩形でしたが、比丘尼《びくに》形、あるいは声聞《しょうもん》形と呼ばれる僧侶の姿で現されるのが一般的です。一面二臂で、右手には錫杖《しゃくじょう》を持つか、与願印を結び、左手に宝珠を持つことがほとんどです。中には、子どもを抱いていたり（子安地蔵）、甲冑を身につけた武人相の地蔵（勝軍地蔵）もいます。よだれかけをかけた地蔵を多く見かけるのは、子どもの守り神であることに由来します。

六地蔵は、現在では一般的な地蔵を並べるだけの例が多いですが、六道に合わせ、持物や印相に変化をつけるのが本来です。ちなみに、六地蔵の正式名は、地獄道は大定智悲地蔵、餓鬼道は大徳清浄地蔵、畜生道は大光明地蔵、修羅道は清浄無垢地蔵、人道は大清浄地蔵、天道は大堅固地蔵です。

地蔵の功徳、利益は非常に幅広く、無病息災、延命、土地豊穣、子授け、安産、必勝、水子祈願、先祖菩提など、現世利益から死後の安寧まで約束してくれます。

地蔵菩薩像の特徴

光背

円光

像容

一面二臂の僧侶の姿。納衣に袈裟。装身具は身につけない

頭部

額には白毫

持物

左手に如意宝珠、右手に錫杖

印相

与願印

右手の掌をこちらに向け、下へ垂らす（右手に錫杖を持たない場合）

台座

蓮華座

梵字

地蔵菩薩

梵名　クシティガルバ
別名　お地蔵さん、お地蔵様
経典　「地蔵菩薩本願経」

真言

オン　カカカ　ビサンマエイ　ソワカ

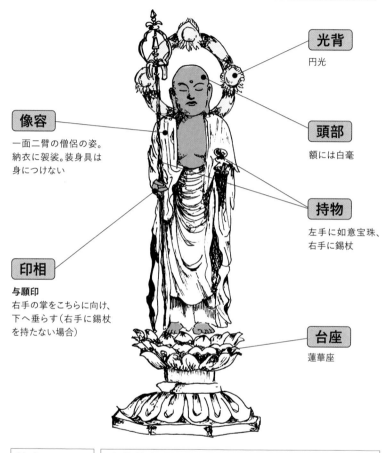

弥勒菩薩

釈迦如来の後を継いで、衆生を救う仏

弥勒は梵名を「マイトレーヤ」といい、「慈悲から生じた者」という意味です。慈氏、慈尊とも呼ばれます。

五十六億七千万年後に下生

弥勒は実在の人物とされ、釈迦の教えに感銘を受けて弟子になりました。その後、釈迦は弥勒に対して、未来仏になることを予言（授記）します。未来仏とは、将来、悟りを開いて仏陀（如来）となり、釈迦如来の後を継いで、衆生を救う仏のことです。

弥勒は現在、天上界のひとつである兜率天《とそつてん》で衆生救済のために修行・瞑想をしていますが、五十六億七千万年後に下生《げしょう》し（人間界に生まれ）、竜華樹《りゅうげじゅ》という樹の下で悟りを開き、三度に渡って教えを説き（竜華三会）、釈迦の救済からもれた、すべての人々を救うとされます。

五十六億七千万年後という年数は、兜率天での寿命が四千歳であり、かつ兜率天の一日は地球の四百年にあたることに由来します。四千歳×四百年×三十日×十二カ月＝五億七千六百年となり、後に数字が入れ替わり、五十六億七千万年になったとされます。

遠い未来であっても確実に救済してくれることから、弥勒は古くから崇敬されました。日本でも末法思想が流行した平安時代には、弥勒下生の時まで経典を守るため塚に埋める「埋経」が各地で行なわれたり、弥勒がいる兜率天に転生しようと願う「上生信仰」も盛んでした。しかし、阿弥陀如来の極楽浄土に往生する浄土信仰が隆盛になるにつれ、弥勒信仰は一般には下火になっていきました。

弥勒の姿は椅子に座った格好で、右足を左膝の上で組み、右手の指か甲を軽く頬に当て、物思いにふけっているような半跏思惟《はんかしすい》像が有名ですが、坐像や立像もあります。また、如来になることが約束されているため、弥勒如来として如来像で表されることもあります。

ご利益としては、息災、滅罪などが挙げられます。

弥勒菩薩像の特徴

持物

何も持たない

像容

椅子に座わり、右足を左膝の上で組み、右手の指か甲を軽く頬に当て、物思いにふける半跏思惟像が有名。立像や坐像のものもある

梵字

弥勒菩薩

梵名　マイトレーヤ
別名　慈氏菩薩
経典　「観弥勒菩薩上生兜率天経」「弥勒下生経」「弥勒大成仏経」「仏説無量寿経」

真言

オン　マイ　タレイヤ　ソワカ

勢至菩薩

あまねく一切を照らし、衆生の迷いを除く仏

勢至は、正式には大勢至菩薩と言います。梵名は「マハースターマプラープタ」で、「偉大な勢力を得た者」という意味です。

阿弥陀三尊のひとつとして祀られる

勢至《せいし》菩薩は特大勢菩薩、大精進菩薩とも呼びます。智恵の光によって、あまねく一切を照らし、衆生の迷いを除いてくれる尊格です。日本では午年生まれの守り本尊、また十三仏（十三回の追善供養［初七日から三十三回忌まで］を司る仏）のうち、一周忌本尊ともされます。

浄土系の経典で、前世において勢至と観音は阿弥陀の子であり（兄が観音、弟が勢至）、共に阿弥陀の脇侍となって、人々を極楽浄土に迎えると説かれることから、阿弥陀三尊のひとつとして祀られることが多く、観音は阿弥陀の慈悲を、勢至は阿弥陀の智恵を象徴しているとされます。勢至を単独で祀る例は、ほとんどありません。

阿弥陀三尊像では、「左観音、右勢至」とゴロ合わせのように、よくいわれます。つまり阿弥陀の左側（向かって右）が観音で、右側（向かって左）が勢至なのですが、このような言い方をするのは、観音と勢至の姿が非常によく似ており、見分けにくいためです。違いは、観音は宝冠に化仏がついており、勢至は化仏の代わりに水瓶をつけていることぐらいです。ただ、阿弥陀が諸菩薩や天人を従え、人々を浄土に迎える様子を描いた来迎図では、観音は蓮台を捧げ持ち、勢至は合掌しているため、比較的容易に区別できます。

また、密教においては、「薬師本願経」では八大菩薩の一尊であり、「大日経」では観音院に属します。勢至は観音の慈悲の働きを大きな勢力で助け、人々の心に仏の種（菩提心）を植えつけ、育むとされます。そのため、胎蔵界曼陀羅では、勢至は未敷蓮華（つぼみの状態の蓮華）を手に持つ姿で描かれます。

ご利益には智恵明瞭、滅罪、延命などがあります。

勢至菩薩像の特徴

持物

蓮華を持つこともある

頭部

頭上には水瓶

表情

慈悲相

像容

一面二臂。蓮華座
に結跏趺座する

印相

合掌印
胸前で合掌する
来迎印
右手は上げて、左手は
下げ、親指と人差し指
を合わせて輪を作る

台座

蓮華座

梵字

勢至菩薩

梵名　マハースターマプラープタ
別名　大勢至菩薩、大精進菩薩、得大勢菩薩
経典　「仏説観無量寿経」

真言

オン　サン　ザン　ザン　サク　ソワカ

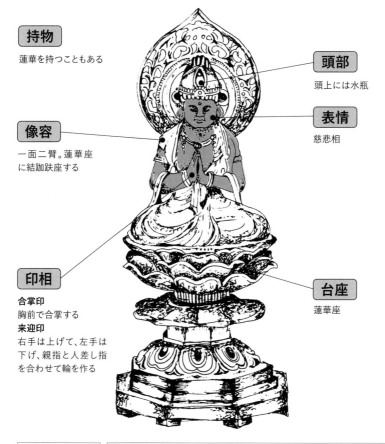

普賢菩薩

仏の慈悲と理智の象徴

普賢《ふげん》は梵名を「サマンタバドラ」といい、「普《あまね》く賢い者」という意味です。諸菩薩の中でも、特に仏の慈悲と理智を象徴しています。

白象の背に乗せた蓮華座の上に結跏趺坐

普賢菩薩は理に従って行動する力をつかさどり、あまねく世界に現れ、衆生を救済するとされます。

普賢の功徳については、「華厳経」や「法華経」に詳しく、「華厳経」の「普賢行願品」では、礼敬諸仏（諸仏を敬う）、恒順衆生（常に衆生の救いに従う）、普皆廻向（すべての衆生の安楽と修行の成功を願う）などの十項目の誓願（十大願）が記されています。「法華経」の「普賢菩薩勧発品」では、仏道の修行者の前には、普賢が六牙の象に乗って現れ、これを守護するとあり、同じく「法華経」の「提婆達多品《だいばだったほん》」では、それまで否定されていた女人往生を説いています。これらのことから多くの信仰を集め、特に女性の守り本尊とされました。

普賢は文殊と共に釈迦の脇侍となり、釈迦三尊として表されることが多いですが、単独でも祀られます。

その姿は、「勧発品」にあるように、六牙の白象の背に乗せた蓮華座の上に結跏趺坐し、合掌しているのが一般的ですが、まれに蓮華や経典を持つこともあります。六牙の白象は、象は堅固で実直な菩薩行の象徴であり、白は無垢さを、六牙は六波羅蜜《ろくはらみつ》（菩薩が修する基本的な修行項目、すなわち布施、持戒、忍辱、精進、禅定、智恵）を示しているとされます。

独尊で祀られる際は、十人の羅刹女《らせつ》（十羅刹女）を従えることもあります。羅刹女は、もともと人を食らう悪鬼でしたが、釈迦の説法により仏道に入って善神となり、普賢に仕えるようになりました。

密教では、普賢の持つ息災延命の功徳を発展させた、普賢延命菩薩もいます。その姿は二臂で一身三頭の象に座すか、二十臂で四頭の象の上に座しています。

普賢菩薩像の特徴

像容

牙が六本ある白象の上にある蓮華の台座に結跏趺坐し、合掌しているものが一般的。文殊菩薩とともに釈迦如来の脇侍として祀られることも多い

印相

合掌印
胸前で合掌する

持物

蓮華、経典、また密教では三鈷杵や三鈷鈴を持つこともある

台座

六牙の白象の背に乗せた蓮華座

梵字

普賢菩薩

梵名　サマンタバドラ
別名　金剛手菩薩
経典　「華厳経」「法華経」「仏説観普賢菩薩行法経」

真言

オン　サンマヤ　サトバン

文殊菩薩

悟りに至るための智恵を象徴する尊格

文殊は、梵名の「マンジュシュリー」の音写である「文殊師利」の略です。古代インドのバラモン（僧侶）の家に生まれた実在の人物といわれています。

普賢菩薩と共に釈迦如来の脇侍を務める

文殊はさまざまな説話が残されています。例えば「維摩経」には、論客として知られた維摩居士《ゆいまこじ》と仏法について論戦を交わした説が伝えられています。また、「法華経」には、文殊の導きによって竜王の八歳の娘が男身となり成仏したと説かれています（竜女成仏）。

文殊は、仏の智恵を象徴する尊格です。ここでいう智恵とは、悟りに至るためのものですが、その中には一般的な知恵や賢さも含まれていると解釈され、「三人寄れば文殊の知恵」ということわざも生まれました。学問成就や受験合格にも霊験あらかたとされます。また、卯年生まれの守り本尊でもあります。

文殊は普賢菩薩と共に釈迦如来の脇侍を務め、釈迦三尊として表されることが多いですが、独尊でも広く信仰を集めています。その姿は、一般的には、獅子（仏法を守る聖獣）の背に乗せた蓮華座の上に結跏趺坐《けっかふざ》し、右手に智恵を象徴する剣を持ち、左手には経巻か蓮華を持ちます。頭髪は髻《まげ》を五つ結うのが通例ですが、密教では一髻、六髻、八髻の場合もあります。それぞれの真言の文字数により、一字・五字・六字・八字文殊と呼ばれ、一は増益、五は敬愛、六は調伏、八は息災の修法の本尊とされます。

独尊で祀られる際は、獅子に乗った文殊が、先導役の善財童子《ぜんざいどうじ》、獅子の手綱を取る優填《うでん》王、最勝《さいしょう》老人、仏陀《ぶっだ》波利《ばり》を従える文殊五尊の形式が有名で、これは「渡海文殊」「五台山文殊」と呼ばれます。

文殊の智恵は純粋無垢であることから、童子の姿で現されることもあります（稚児文殊）。また、文殊は戒律の師としても尊ばれ、僧侶の日常生活の手本として僧形で表され（僧形文殊、聖僧文殊）、寺内の食堂に祀られることもあります。

文殊菩薩像の特徴

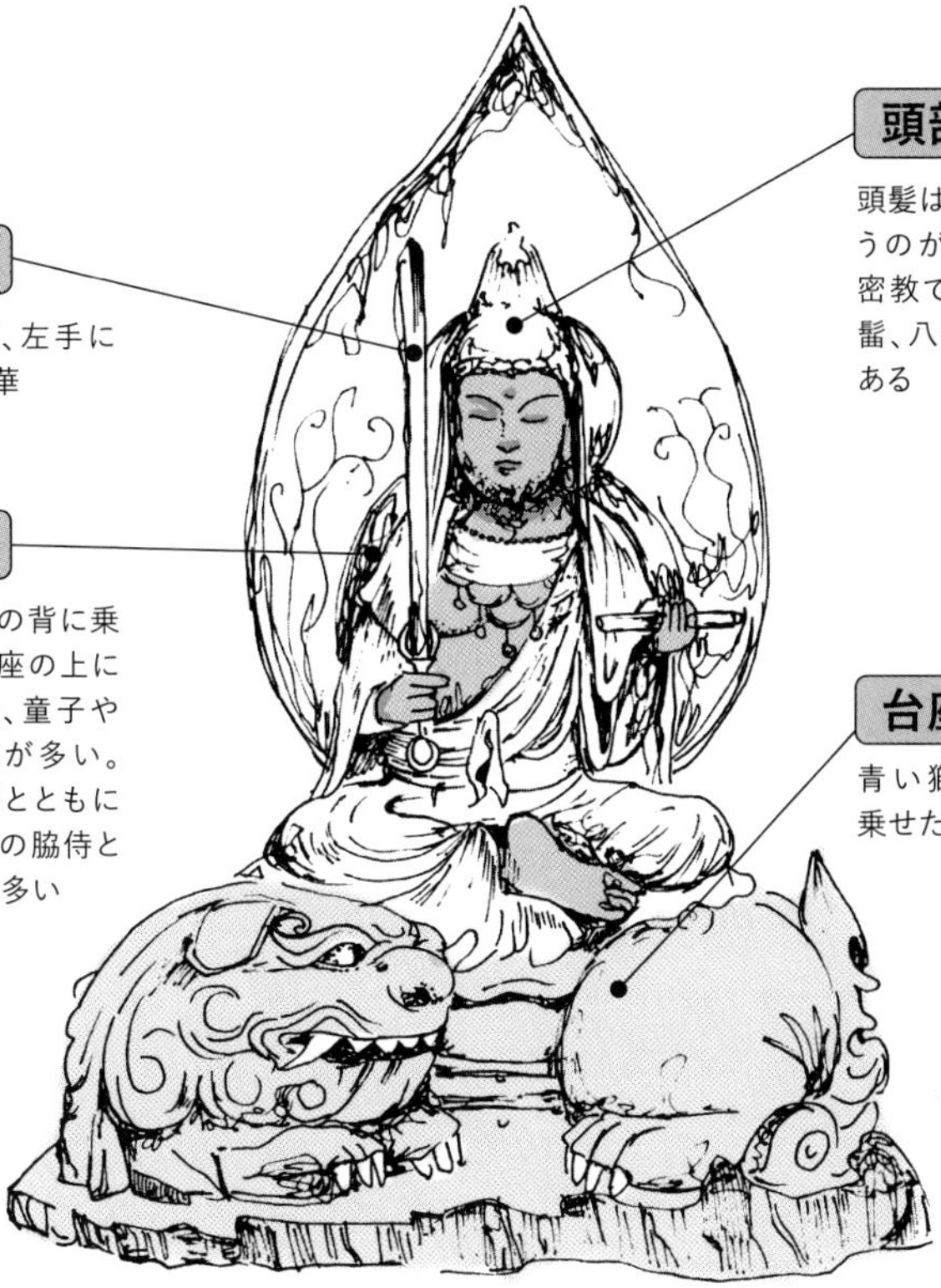

頭部

頭髪は髻を五つ結うのが通例だが、密教では一髻、六髻、八髻の場合もある

持物

右手に剣、左手に経巻か蓮華

像容

青い獅子の背に乗せた蓮華座の上に結跏趺坐、童子や若者の姿が多い。普賢菩薩とともに釈迦如来の脇侍となることも多い

台座

青い獅子の背に乗せた蓮華座

梵字

文殊菩薩

梵名　マンジュシュリー
別名　聖僧、文殊大士
経典　「文殊師利般涅槃経」「文殊師利問経」「文殊師利浄律経」など

真言

オン　アラハシャノウ

大日如来の智恵と功徳の働きを具現化した菩薩

虚空蔵は、梵名を「アーカーシャガルバ」といい、「虚空の母胎」という意味。「空のように広く果てしない」ということを表します。

記憶力や技能上達を授ける

虚空蔵は広大無辺な智恵や福徳を蔵しており、それによって、衆生の願いを叶える尊格です。大日如来の智恵と功徳の働きを具現化した菩薩ともされます。平安時代ごろまでは、虚空蔵の「空」に対して、「大地」を包蔵するという意味を持つ地蔵と、一対にされることも少なくありませんでした。

日本では奈良時代から信仰され、特に八世紀に伝えられた「虚空蔵求聞持法《こくうぞうぐもんじほう》」の本尊として、篤く崇敬を集めました。「聞持」とは、一度見聞きしたことはすべて記憶し、決して忘れないという智恵のことです。「求聞持法」は虚空蔵の真言を五十日、あるいは百日の間に百万回唱えるという難行ですが、入唐前の空海が見事、これを修したとされます。また、「今昔物語」（平安時代に成立した説話集）には、比叡山の若い僧に、女人に変じた虚空蔵が学問をすすめ、やがて僧は山内一の学僧になった話も乗っています。

このように虚空蔵が与える智恵は記憶力や技能上達といった現実に即したものであり、幅広い階層の人々から親しまれました。日光東照宮の「眠り猫」で有名な左甚五郎も、虚空蔵に願をかけて日本一の名工になったとされます。現在も京都・法輪寺では、十三歳になった子どもたちが、虚空蔵の智恵を授かるために詣でる「十三参り」がおこなわれています。

その姿は頭に五仏が配された宝冠（五智宝冠）をいただき、左手に宝珠を乗せた蓮を持ち、右手は与願印を結ぶか、左に手に宝珠を乗せ、右手で剣を持つのが通例です。

また、単独で祀る以外に、五体の虚空蔵を中央、東西南北に配した、五大虚空蔵菩薩もあります。

虚空蔵菩薩像の特徴

光背
二重円光
像容
頭上に五仏の宝冠をいただく
頭部
持物
左手に宝珠、右手に宝剣が一般的。宝剣を持たない場合は与願印を結ぶ
台座
蓮華座

梵字

虚空蔵菩薩

梵名　「アーカーシャガルバ」
別名　明星天子、大明星天王
経典　『大集大虚空蔵菩薩所問経』『虚空蔵菩薩経』『仏説虚空蔵菩薩神呪経』など

真言

ノウボウ　アキャシャ　キャラバヤ　オン　アリキャ　マリボリ　ソワカ

日光・月光菩薩

薬師の脇侍で、薬師三尊と表される

梵名は日光が「スールヤプラバ」、月光が「チャンドラプラバ」と言い、意味は「太陽のように輝かしい」「月のように輝かしい」です。

日光・月光菩薩は日光・月光遍照とも呼ぶ

「薬師如来本願経」によると、日光は千もの光明を発し、天下をあまねく照らして、苦しみの根源である無明の闇を消滅させる尊格であり、月光は月の光を象徴する尊格であり、日光と共に薬師が教主を務める瑠璃光浄土に住み、薬師の説法と、薬師を信仰する者を守護するとされます。

やはり「薬師如来本願経」によると、その昔、ふたりの子どもが持った人が、病気で苦しんでいる人たちを救うために悟りを開きたいと願い、それを聞いた仏は大いに喜び、「お前は今後、医王と名乗り、上の子どもは日照、下の子どもは月照と名づけなさい」と告げたとされます。医王とは薬師の別名であり、日照は日光の、月照は月光の別名です。つまり、薬師と日光・月光は親子なのです。

また、日と月は、薬師の功徳が昼でも夜でも、二十四時間三百六十五日、常に衆生に向けて発揮されていることの象徴でもあります。

それゆえ、日光・月光は薬師の脇侍で、薬師三尊として表されます。単独、あるいは日光・月光として だけで祀られることはほとんどありません。

その姿は、両菩薩共、立像で表されることが多く、一面二手で、蓮華を持ったり、合掌したりと、手はさまざまです。ただ、日光と月光は完全に対になっているため、持物や印相では区別がつきません。基本的に三尊の向かって右が日光、左が月光ですが、それ以外での見分け方は、頭上の宝冠や持物に配されているのが日輪か、月輪かという点です。持物に色がついているなら、金か赤は日光、銀か白は月光です。

日光・月光菩薩像の特徴

持物

三日月をかたどった月輪が配されている。持物の色は銀か白。茎の長い蓮華を持つ

頭部

髪は大きく結い上げ、宝冠には三日月をかたどった月輪が配されている

像容

一面二臂。日光菩薩と共に薬師如来の脇侍（右側）として祀られることが多い

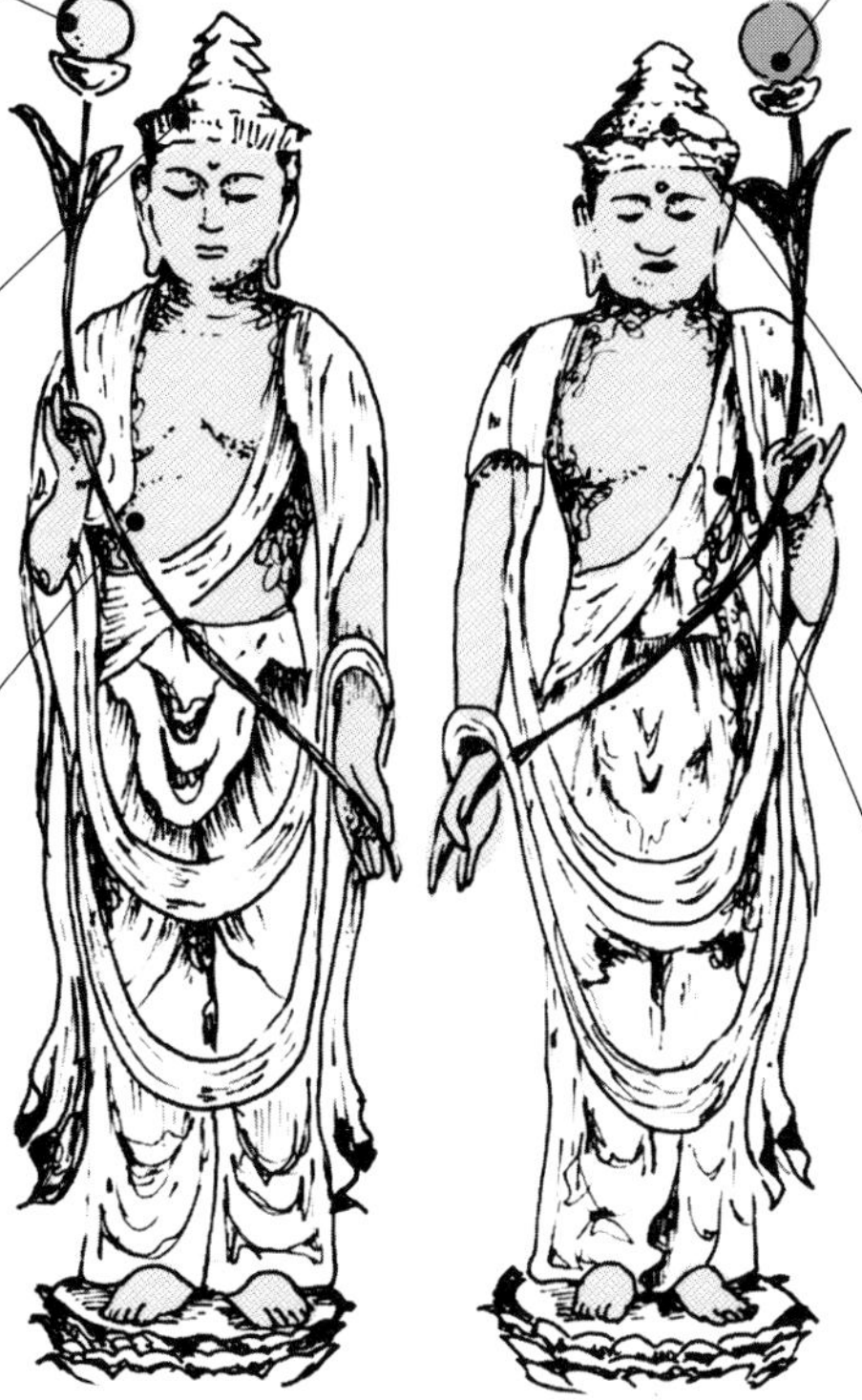

持物

太陽をかたどった日輪が配されている。持物の色は金か赤。左手を上げている造形が多い

頭部

髪は大きく結い上げ、宝冠には太陽をかたどった日輪が配されている

像容

一面二臂。月光菩薩と共に薬師如来の脇侍（左側）として祀られることが多い

梵字

日光菩薩

月光菩薩

日光・月光菩薩

梵名　日光菩薩「スールヤプラバ」、月光菩薩「チャンドラプラバ」

経典　「薬師如来本願経」

真言

日光菩薩　オン　ソリヤ　ハラバヤ　ソワカ

月光菩薩　オン　センダラ　ハラバヤ　ソワカ

明王とは？

仏法を信じる者を守護し、あらゆる悪を調伏する

明王とは、密教特有の尊格及び称号です。如来の変化身ともされ、不動明王、愛染明王など古くから人々に篤く信仰されてきました。

激しい忿怒の相や火炎を背負う理由とは？

「明」とは、サンスクリット語の「ヴィドヤーラージャ」の訳で、一般的には「知識、学問」の意味ですが、密教においては仏が説いた聖なる呪文＝真言陀羅尼《しんごんだらに》（真言は短い呪文、陀羅尼は長い呪文）のことを指し、その明を唱えることで、大きな功徳を与えてくれる尊格を「明の王」、つまり明王と呼ぶようになったとされます。

明王は「持明使者」ともいい、「一切の衆生を教化し、救済せよ」という如来の命を受け、明（真言陀羅尼）を奉持して、特に生やさしい方法では救いがたい衆生に対し、威力によって相手を威嚇・降伏させ、力づくで仏の教え（悟り）に導くことを使命とします。また、仏法を信じる者を守護し、あらゆる悪を調伏します。

こうした明王の役割から、一部の例外を除き、明王は激しい忿怒の相に加え、煩悩を焼き尽くすと同時に怒りの象徴である火炎を背負い、手にはさまざまな武器を持ち、また多面・多目・多臂など、異形の姿で表されます。

しかし、明王の姿がよく見ると、上半身には条帛《じょうはく》をかけ、下半身は裳《も》で覆い、装身具も多く身につけと、基本的には菩薩とよく似ていることがわかります。条帛や裳に獣の皮を使ったり、装飾品に蛇やどくろを用いたりと、恐ろしさを強調してはいますが、衆生救済という願いと慈悲においては、菩薩も明王も変わりはないということです。

ただ、如来や菩薩は、仏教が成立し、発展する過程で、その存在が明らかになったのと比べて、明王はその前身がほとんどバラモン教（現ヒンドゥー教）の神々であることは特異な点です。これは見る者が畏怖する神の姿を求めた結果であると同時に、相手や状況に応じてわかりやすく仏の教えを伝えるため、他宗教の神々を柔軟に取り入れていった結果とされます。

明王とは？

もともとはインドの神々で、如来、菩薩に次ぐ仏格。
如来の命を受けて怒りの形相になって現れた仏

明王の種類

- 六字明王
- 不動明王
- 降三世明王
- 軍荼利明王
- 大威徳明王
- 金剛夜叉明王
- 烏枢沙摩明王
- 無能勝明王（阿逸多）
- 愛染明王
- 孔雀明王
- 大元帥明王（太元明王）
- 大輪明王
- 歩擲明王
- 大可畏明王

不動明王

降三世明王

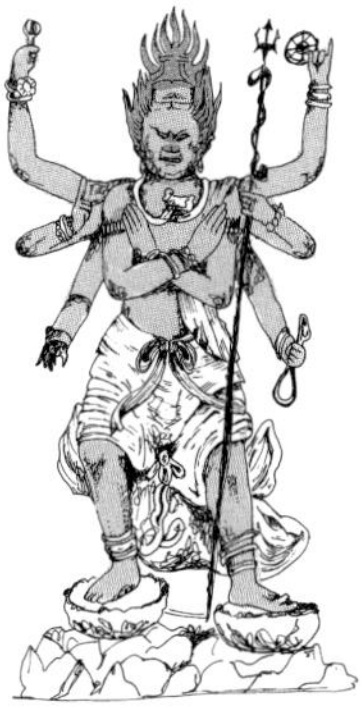
軍荼利明王

大威徳明王

金剛夜叉明王

烏枢沙摩明王

不動明王

大日如来の化身で、明王の中で最高位の尊格

不動は梵名を「アチャラナータ」といい、「動かざる尊者」という意味。揺るぎない菩提心（悟りを求める心）を持つ尊格です。

無動尊、不動使者とも呼ぶ

不動明王の起源はヒンドゥー教の主神の一柱であるシヴァ神とされ、仏教に取り入れられてからは、大日如来が衆生の悪心を調伏するため忿怒の姿に変じたものであり、かつ如来の命を受けた使者（教令輪身《きょうりょうりんしん》）であるとされました。

つまり、不動は大日の化身であると同時に大日の使者であり、それゆえ明王の中で最高位の尊格です。日本には空海が密教と共に伝え、国家安泰の本尊として信仰を集めました。

平安時代以降は、密教や修験道《しゅげんどう》（日本古来の山岳信仰を源とする仏教の一派）の行者により、各地で不動明王像が祀られ、息災、増益、調伏、敬愛などの利益をもたらす護摩祈祷の本尊として祀られました。

不動の霊験は非常にあらたかなものであり、それにまつわる説話も多く残されています。特に有名なのが、日本に元が来襲した際（元寇）、不動に対して外敵退散の修法を行なったところ、その功徳により、見事に元を退散させたという逸話です。

一般庶民の間でも身を挺して衆生を守ってくれる尊格として（身代わり不動）、また現世利益を与えてくれる尊格として、広く信仰されました。現在も毎月二十八日は縁日祭が各地で行なわれています。

その姿は関係経典や作例により違いがありますが、一般的には、一面二臂の忿怒相で、髪は束ねて左肩に垂らし、岩座か瑟瑟座《しつしつざ》（角材を組み合わせたような台座）に立つか座るかし、背には火炎光背を負い、右手に剣、左手に羂索《けんさく》を持ちます。剣には倶利伽羅龍王《くりからりゅうおう》がまきついていることもあります。眷属である矜迦羅《こんがら》・制吒迦《せいたか》の二童子を従えた、三尊形式で表されることが多いです。

不動明王像の特徴

光背
火生三昧（迦楼羅炎）
表情
忿怒相。目は天地眼（右目を天に向けて左目を地に向ける）。口は牙上下出（右の牙を上に出して左の牙を下に出す）
頭部
髪は束ねて左肩に垂らす
像容
持物
右手に剣、左手に羂索（悪の心を改心させる捕縛用の縄）
台座
奇岩もしくは瑟瑟座（角形の材を井桁状に積み重ね、立面中央がしぼられた形にしたもの）

梵字

不動明王

梵名　アチャラナータ
別名　阿遮羅曩他、無動明王、無動尊、不動尊など
経典　「大毘盧遮那成仏神変加持経」

真言

ノウマク　サマンダ　バサラダン　センダンマカロシャダ　ソワタヤ　ウンタラタ　カン　マン

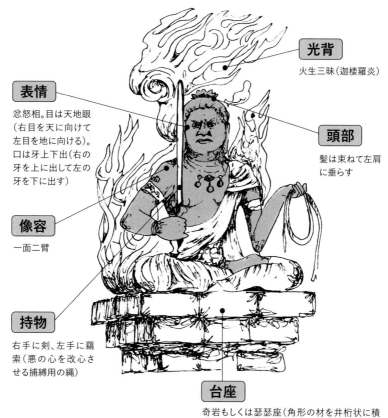

大日如来の五つの智恵を現す金剛界五仏の化身

五大明王は、不動を中心に、東に降三世《ごうざんぜ》、南に軍荼利《ぐんだり》、西に大威徳《だいいとく》、北に金剛夜叉《こんごうやしゃ》を配したものです。

息災延命や呪詛調伏に霊験あらたか

五大明王を本尊とする修法を「五壇法」といいます。当初は鎮護国家という公的目的で祀られましたが、次第に個人の信仰の対象になりました。

それぞれの特徴と姿は不動は別項で述べた通りです。

降三世は阿閦《あしゅく》如来の化身であり、降三世とは「過去・現在・未来の三世と、貪（むさぼり）・嗔（怒り）・痴（愚かさ）の三惑を降伏する者」という意味です。多くは三面八臂の忿怒相で、正面は三目とし、足元には異教の最高神である大自在天と、その妻である烏摩を踏みつけます。

軍荼利は宝生《ほうしょう》如来の化身であり、軍荼利とは「甘露を入れる壺」「とぐろを巻くもの」という意味です。前者は不老不死の霊薬である甘露によって衆生に無限の功徳を与えてくれることを示しています。後者は、とぐろを巻くもの＝蛇は悪心の象徴とされ、それを取り除く力があることを示しています。その姿の多くは、一面三目八臂の忿怒相で、左右第一手でこの尊特有の大瞋印《だいしんいん》を結び、手足には多数の蛇が巻きついています。

大威徳は阿弥陀あるいは文殊の化身であり、その名の通り、大いなる威力と徳によって一切の悪を降伏します。その姿は六面六臂六足で、聖獣である水牛にまたがっているのが一般的です。その姿から、六足尊とも呼ばれます。

金剛夜叉は不空成就の化身であり、その名の通り、もとは夜叉（悪鬼）であったのが、仏の教えに帰依し、どんな障害も貫く金剛（ダイヤモンド）のような堅固な法力を持った善神になりました。その姿は三面六臂で、手にはさまざまな持物を持ちますが、最大の特徴は正面を五目とすることです。

五大明王の配置

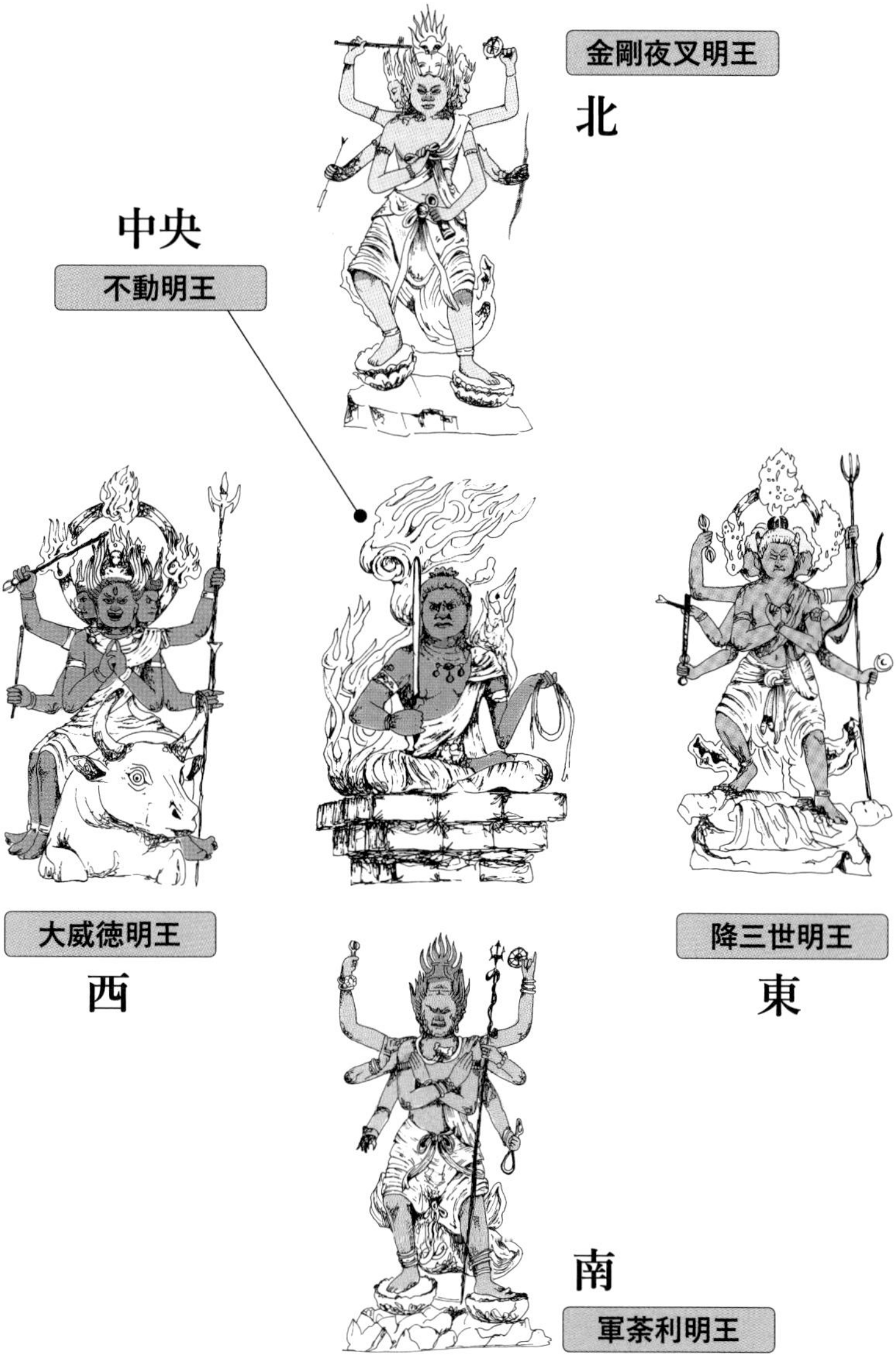
金剛夜叉明王
北
中央
不動明王
大威徳明王
西
降三世明王
東
南
軍荼利明王

降三世明王像の特徴

持物

金剛杵、三叉戟、弓、矢、剣など

頭部

焔髪

表情

忿怒相

像容

三面六臂、四面八臂の三目。大自在天と烏摩を踏みつけている

印相

降三世印
胸の前で両手の小指を絡ませて交差させ、人差し指を立てる

梵字

降三世明王

梵名 トライローキヤ・ヴィジャヤ
別名 降三世夜叉明王、勝三世明王
経典 「金剛頂経」

真言

オン　ソンバ　ニンソバ　ウン　バサラ　ウン　ハッタ

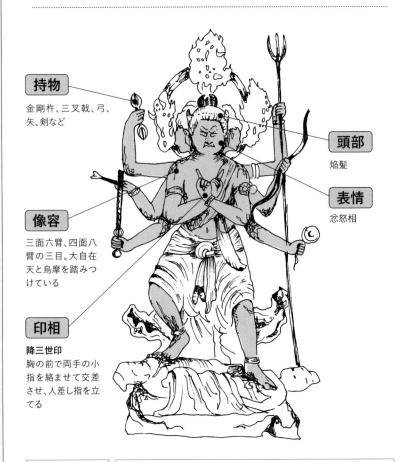

軍荼利明王像の特徴

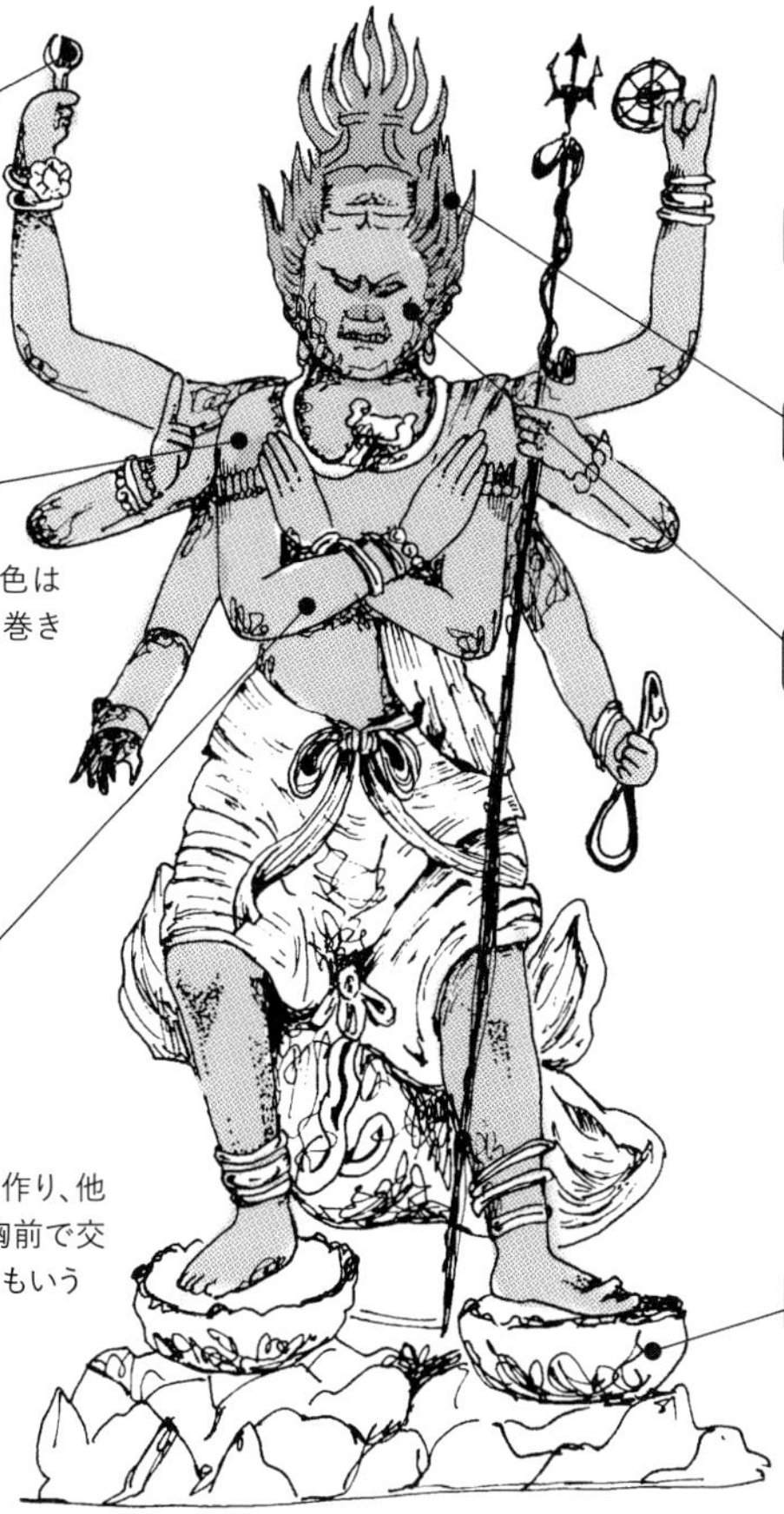

持物

三鈷・金剛杵・戟・金剛鉤・法輪など

光背

火焔光

頭部

髪は焔髪

像容

一面三目八臂。身色は青く手や足に蛇を巻きつけている

表情

「雷電黒雲」といわれる忿怒相

印相

大瞋印《だいしんいん》

親指と小指で円を作り、他指は開いて、手を胸前で交差する。跋折羅印《ばさらいん》ともいう

台座

踏割蓮華座

梵字

軍荼利明王

梵名　「アムリタ・クンダリン」

別名　軍荼利夜叉、甘露軍荼利、吉利吉利《きりきり》明王

経典　『陀羅尼集経《だらにじっきょう》』

真言　・オン　アミリティ　ウン　ハッタ

・オン　キリキリバザラ　ウン　ハッタ

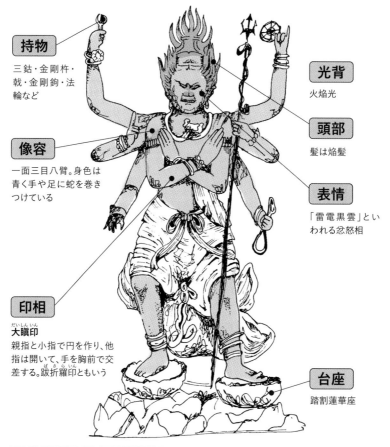

大威徳明王像の特徴

持物
矛や長剣など
光背
火焔光
像容
六面六臂六足。水牛にまたがる。首にはどくろの瓔珞をかけている
表情
忿怒相
印相

檀陀印
両手を胸前で組み、互いの中指を立てる

梵字

大威徳明王

梵名　ヤマーンタカ
別名　降閻魔尊
経典　「聖閻曼徳迦威怒王立成大神験念誦法」「大日経疏」

真言
オン　シュチリ　キャラロハ　ウンケン　ソワカ

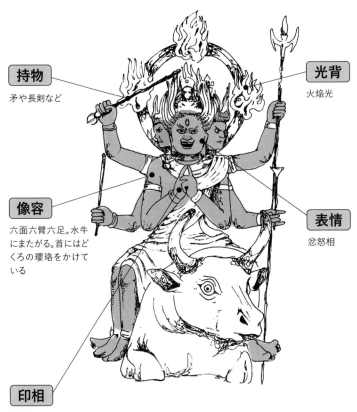

金剛夜叉明王像の特徴

光背
火焔光

持物
金剛杵・弓・矢・宝剣・金剛鈴・法輪などさまざま

頭部
髪は焔髪

表情
正面の顔は眼が五つある＝五目（肉眼・天眼・慧眼・法眼・仏眼）

像容
三面六臂

台座
踏割蓮華座

梵字

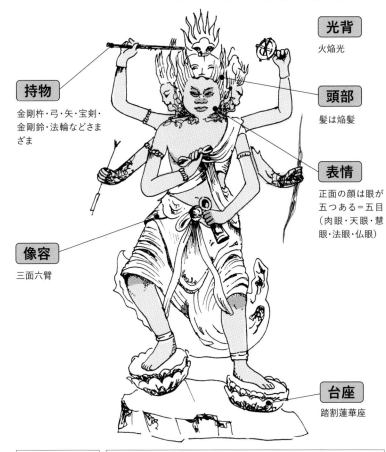

金剛夜叉明王

梵名　「ヴァジュラヤクシャ」
別名　金剛薬叉
経典　『仁王経』『護国仁王般若経』

真言

オン　バザラ　ヤキシャ　ウン

烏枢沙摩明王

この世のすべての穢れと悪を焼き尽くす

烏枢沙摩《うすさま》は、梵名を「ウッチュシュマ」といい、「穢《けが》れを清める」という意味です。除穢金剛、不浄金剛、穢跡金剛とも呼ばれます。

厠（トイレ）の守護神

古代インド神話に登場する火の神・アグニが仏教に取り入れられたもので、この世のすべての穢れと悪を烈火によって焼き尽くすという功徳を備えています。その姿はさまざまに表されますが、一面三目四臂（あるいは六臂）の忿怒相で、髪は燃えあがるように逆立ち（焔髪）、頭には白龍をつけていることが多いようです。

金剛夜叉と同体ともされ、天台宗系では金剛夜叉に代え、烏枢沙摩を五大明王に入れることもあります。確かに二尊の功徳は似ていますが、金剛夜叉は心の不浄を取り除くことに長け、烏枢沙摩は実際的な不浄を取り除くことに長けているとされる点は異なります。

こうした烏枢沙摩の働きをよく示しているのが、「穢跡金剛霊要門」に記された説です。それによると、釈迦が涅槃《ねはん》（死ぬこと）に入ろうとし、諸天鬼神をはじめ、大衆や数多の動物も集まり、嘆き悲しむ中、梵天だけは快楽にふけり、見舞いにも来ませんでした。そこで大衆が使いを出して呼ぼうとしましたが、慢心を起こした梵天は自分の周りを汚物で囲んでいたため近寄ることができなかったので、烏枢沙摩が迎えに行き、術を使って汚物を大地に変え、梵天を釈迦のもとに引き連れて行ったとされます。

このように不浄を清浄に転じることから、烏枢沙摩は特に密教や禅宗の寺院を中心に不浄、つまり厠（トイレ）の守護神として祀られるようになり、次第に一般庶民の間でもトイレの神様として信仰されるようになりました。

烏枢沙摩には胎内の女子を男子に変える「変成男子の法」という秘法もあり、跡継ぎに男児を欲した平安貴族や戦国武将は、この祈祷をよく行なったそうです。

烏枢沙摩明王像の特徴

光背
火焔光

持物
宝剣、羂索、三鈷杵、棒などさまざま

頭部
髪は焔髪

表情
憤怒相

像容
二臂像、四臂像、六臂像、八臂像、一面像、三面像など形はさまざまだが、主に右足を大きく上げて片足で立った姿であることが多い。
この絵では一面六臂。

その他の特徴
足元に猪頭天(鬼神像)があることが多い

梵字

烏枢沙摩明王

梵名　「ウッチュシュマ」
別名　金剛、不浄金剛、穢跡金剛
経典　『大威力烏枢瑟摩明王経』

真言

オン　クロダノウ　ウンジャク　ソワカ

愛染明王

「煩悩即菩提」を示す尊格

梵名を「ラーガラージャ」といい、「ラーガ」は「赤色」、「ラージャ」は「王」という意味。赤（愛欲や情欲）に染まった者＝「愛染《あいぜん》」と意訳されました。

縁結びや恋愛成就の本尊

愛染明王はもとは古代インド神話に登場するラーガという神が密教に取り入れられたものです。

密教において愛染は、衆生に堅固な菩提心（悟りを求める心）を持たせる金剛薩埵《こんごうさった》菩薩《ぼさつ》、あるいは金剛愛菩薩の化身であるとされ、仏道修行の邪魔となる煩悩の中でも絶ちがたい愛欲を、菩提心にまで昇華させる、つまり「煩悩即菩提」を示す尊格です。

愛染が日本に伝えられたのは平安初期で、当初は息災延命、増益、降伏、敬愛の本尊として信仰されましたが、愛欲を肯定することから、次第に縁結びや恋愛成就の本尊として尊ばれるようになりました。近世には遊女の守護神にもなり、庶民の間でも「愛染詣で」が盛んに行なわれました。愛染は「藍染」に通じることから、染め物や織物を生業とする人々の守護神ともされています。また、愛染には怨敵調伏、つまり軍神としての一面もあり、それゆえ戦国武将のひとり、直江兼次は、愛染の加護に預かるべく、兜の前立てに「愛」の文字をあしらったとされます。

その姿は一面三目六臂の忿怒相で、頭に獅子のついた宝冠（獅子冠）をかぶり、左右第一手には金剛薩埵を象徴する五鈷杵・五鈷鈴を、左右第二手には金剛愛を象徴する弓と矢を、左第三手は蓮華を持ち、右第三手は何も持たず拳を握るのが一般的です。最大の特徴は、名前の通りその姿には赤が多用されていることで、愛染の身体はもとより、水瓶の上の蓮台も、光背の丸い日輪も赤で彩色されます。

異相としては、火焔を背負い、天に向かって弓を引く「天弓愛染明王」や、この天弓愛染と不動が合体した「両頭愛染明王」が知られています。

愛染明王像の特徴

光背
赤い日輪
頭部
髪は逆立ち、頭に獅子冠を戴く
表情
忿怒相
持物
五鈷杵、弓、矢、蓮華、金剛鈴などの法具
像容
三目六臂。結跏趺坐。体は赤く、左手の一手は拳をにぎる
台座
壺の上の赤い蓮華座

梵字

愛染明王

梵名　ラーガラージャ
別名　吒枳王
経典　「愛染王品第五」「妙吉祥平等秘密最上観門大教王経」

真言

オン　マカラキャ　バゾロウシャニシャ　バザラサトバ　ジャク　ウン　バン　コク

天部とは？

天上界を示す住む神々の総称

天部とは天上界を示すと共に、そこに住む神々の総称で、胎蔵界曼陀羅の外金剛部院に配される天竜八部衆、十二天、天文神を指します。

バラモン教の主要神が揃う

天上界はこの世を構成する十界（地獄界、餓鬼界、畜生界、修羅界、人間界、天上界、声聞界、縁覚界、菩薩界、仏界）のひとつです。

天部の神々のほとんどは、仏教成立以前の古代インドで信仰されていた異教の神々、特にバラモン教（現ヒンドゥー教のルーツとなる宗教）の神々を起源にしています。

バラモン教は自然現象を中心にさまざまなものが神格化された多神教であり、その多様性から、民衆に広く深く根づいていました。そのため後発の宗教である仏教は、バラモン教徒の反感を買わないよう、これらの神々を否定したり、排斥するのではなく、仏教の中に取り入れていくことを選びました。その結果、誕生したのが天部であり、先にも紹介した明王です。

仏教に取り入れられた異教の神々は当初、一括して「夜叉」あるいは「薬叉」の称号を与えられましたが、それぞれの神の役割が整理されて天部となり、天部の中からさらに明王が登場したとされます。

現在は、天部は明王の眷属であるという位置づけですが、成立自体は天部のほうが先と考えられるわけで、それゆえ天部にはブラフマー（梵天）やインドラ（帝釈天）など、バラモン教における最高神や主要な神が存在するのです。

また、如来・菩薩・明王が、衆生を悟りに導くことを第一の使命とするのに対して、天部は仏法や仏教徒を外敵から守る「護法神」であり、現世利益を与える「福徳神」である性格が強いことも特徴です。

天部に属する諸尊の姿は、在来の神々を取り入れていく過程において柔軟に対応したゆえさまざまですが、大別すると武人、天女、鬼神に分けられます。

天部とは？

天空や天上界に住むう者の意味する言葉。
仏法を守護する役目を持つ

天部の種類

- 梵天
- 帝釈天
- 持国天
- 増長天
- 広目天
- 多聞天
- 兜跋毘沙門天
- 大自在天
- 弁才天
- 大黒天
- 吉祥天
- 韋駄天
- 鳩摩羅天
- 摩利支天
- 歓喜天（聖天）
- 鬼子母神
- 荼吉尼天
- 金剛力士（仁王）
- 十二天
- 堅牢地神（けんろうじ）
- 伊舎那天（いしゃな）
- 黒闇天（こくあん）
- 羅刹天　など

梵天

帝釈天

持国天

増長天

広目天

多聞天

梵天

梵天は天部の中で最高位に置かれる尊格

バラモン教における、万物の創造神であり最高神であるブラフマーが仏教に取り入れられて梵天《ぼんてん》となりました。大梵天、梵天王とも呼ばれます。

四羽のガチョウの背に置かれた蓮華座に座す

梵天の梵はサンスクリット語で「宇宙の最高原理」「万物の根源」という意味を持つ「ブラフマン」を意味します。

梵天は天部の中で最高位に置かれる尊格で、仏法の守護（護法神）や世界の守護（護世神）にあたっています。ちなみに、サンスクリット語が梵語と呼ばれるのは、梵天がこの語を創ったとされているからです。

梵天は仏伝によると、釈迦が菩提樹の下で悟りを開き、しかし悟りの境地は誰にもわからない、このまま入滅（死ぬこと）しようと考えている時に現れ、釈迦の悟りを褒めたたえ、あなた（釈迦）が説法をしなければ世界は闇のままであると、真理を人々に説くよう繰り返し懇願し、ついに釈迦を奮起させたといいます（梵天勧請）。また、王子時代の釈迦に出家をすすめたのも、梵天であるという説もあります。これらは、仏教がバラモン教の最高神に庇護されていることや、祝福されていることを示すものであり、それによってバラモン教徒を仏教に取り込む狙いがあったとも考えられています。

その姿は、大きく二つに分けられます。ひとつは仏教伝来当初の一面二臂の立像で、宝髻《ほうけい》を結い、手には鏡や払子（法具のひとつ）や柄香炉などを持ち、唐時代の貴人の服装をしたものです。

もうひとつは、密教に取り入れられてからの密教像で、こちらは四面三目四臂で表されることが多く、四羽のガチョウの背に置かれた蓮華座の上に座っています。ガチョウはブラフマーの乗り物とされるバラモン教に伝わる聖鳥ハンサであり、ハンサは純粋さや神の知識をつかさどり、高次元（ブラフマン）に至るためのシンボルとされます。

梵天像の特徴

持物

密教像の場合、蓮華、水瓶、矛など。顕教像では羽扇、払子

像容

密教像では四面四臂で、四羽のガチョウの上に載せた蓮華座に座る。顕教像では一面二臂。唐風の衣装を身につける貴婦人の姿。帝釈天と一対として祀られることが多い

梵字

梵天

梵名　ブラフマン
別名　梵天王
経典　「梵天請経」

真言

ナウマク　サマンダ　ボダナン　ボラカンマネイ　ソワカ

帝釈天

梵天と共に護法神の中で最高位の尊格

帝釈天《たいしゃくてん》はもとは古代インド神話に登場するインドラ神であり、バラモン教・ヒンドゥー教・ゾロアスター教の武神（天帝）であった。

金剛杵を持ち、白象にまたがる

帝釈天の帝釈とは、サンスクリット語で「青空」を意味する「インドラ」が音訳された「因陀羅」を漢訳した「帝」と、サンスクリット語で「有力」や「勇断」を意味する「シャカラ」が音訳された「釈迦羅」の「釈」を合わせたものです。

「リグ・ヴェーダ」（インド最古の宗教文献）によると、梵天（ブラフマー）が現れるまで、インドラは天界最強の神であり、神々の帝王として君臨していました。雷神の性格を持つとされ、ヴァジュラ（金剛杵）を手に取って悪を退治する英雄神として、また、雲を蹴散らし雨水を下界に注いで大地を潤してくれる豊穣の神として、人々から篤く崇敬されたといいます。

仏教に取り入れられてからは、釈迦が悟りを開く前の修行時代から、その庇護にあたったとされ、例えば、釈迦の前世時代である雪山童子が真理を求めて修行している際に、人を食う羅刹の姿になって現れて童子を試し、その志が本物であることを確認し、童子を褒めたたえたという説もあります（雪山童子の捨身羅刹）。

このように帝釈天は仏法の守護神として位置づけられていき、梵天と共に護法神の中で最高位の尊格となりました。それゆえ梵天と一対とするか、梵天と、やはり強力な護法神である四天王も加えて一組で表されることが多く、単独で祀られることはあまりありません。

その姿は大きくふたつあり、ひとつは梵天同様、一面二臂の唐時代の貴人風です。ただし帝釈天は武神としての性格が強いため、衣の下に鎧をつけています。もうひとつは、密教に取り入れられてからの密教像で、一面三目二臂で甲冑を身にまとい、手には金剛杵を持ち、白象にまたがっているのが一般的です。

帝釈天像の特徴

像容

一面二臂。衣の下に皮の甲冑を身に着ける。密教像では三眼、六牙の白象に乗る。梵天と一対として祀られることが多い

持物

金剛杵、独鈷杵、蓮茎など

梵字

帝釈天

梵名　インドラ
別名　天主帝釈、天帝
経典　「帝釈天問経」

真言

オン　インドラヤ　ソワカ

閻魔天

地獄の主神から閻魔大王に

閻魔《えんま》は、梵名「ヤマ」を音写したもので、夜摩、焔摩、焔魔とも記されます。
もとは古代インド神話に登場する、冥界の王・ヤマ神です。

閻魔は地蔵の化身

古代インドにおいてヤマは人間の祖とされ、はじめ天界に住んでいましたが、人類最初の死者となり、冥界に赴いて死後の世界の支配者となり、死者に賞罰を与える神になったとされます。

仏教に取り入れられてからも、ヤマ神の性格や役割はそのまま引き継がれ、地獄の主神となりました。

閻魔は中国において道教と習合し、いわゆる閻魔大王となり、「十王信仰」と結びつけられました。「十王信仰」とは、死者は冥府（死後の世界）に行くと、初七日から四十九日までの七日ごとに七回、そして百カ日と一周忌と三回忌の三回、合わせて十回、生前の罪を、十人の冥府の王に順次、裁かれるというものです。閻魔はこの十王の中で中心的な存在とされ、畏怖されました。

十王にはそれぞれ本地仏（神の本来の姿である仏）があり、閻魔の本地仏は地蔵菩薩とされます。つまり閻魔は地蔵の化身なのです。

さらに密教では十二天（上下・日月・東西南北・南東・南西・北西・北東を守護する十二の天部）の一尊として南方の護法神とされました。

その姿は閻魔天としては一面二臂の菩薩形で、手には人頭がついた人頭幢《にんずとう》（幢は仏門を象徴する旗）を持ち、水牛にまたがっていることが多いようです。

しかし一般的には、忿怒相で、方形の冠をかぶり、唐の役人風の衣（道服）をまとい、手には笏《しゃく》を持った、閻魔大王としての姿のほうが知られており、こちらのほうが作例も多数残されています。

なおご利益には、延命、除災、徐病、病気平癒、故人の冥福などが挙げられます。

閻魔天像の特徴

頭部
方形の冠をかぶる

表情
忿怒相

持物
手には人頭がついた人頭幢（幢は仏門を象徴する旗）を持つ

像容
一面二臂の菩薩形。唐の役人風の衣（道服）をまとい、水牛にまたがっていることが多い。笏を持った、閻魔大王としての姿のほうが知られいる

梵字

閻魔天
梵名　ヤマ
別名　焔摩天、閻摩天、閻魔大王
経典　「大日経」

真言
オン　エンマヤ　ソワカ

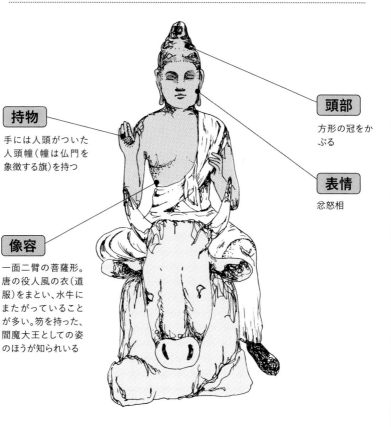

四天王

広目天、持国天、増長天、多聞天

四天王はいずれも、古代インド神話に登場する神であり、釈迦の説法を聞いて仏教に帰依し、釈迦から直接、仏法守護を頼まれ、護法神になりました。

四天王天に住み、東西南北を守る

四天王は帝釈天直属の部下と位置づけられ、須弥山《すみさん》（仏教の世界観において宇宙の中心にある高山、高さは八万由旬［約五十六万キロ］）の中腹にある四天王天に住み、そこから東西南北を守っています。すなわち、東が持国《じこく》、西が広目《こうもく》、南が増長《ぞうちょう》、北が多聞《たもん》です。その姿は、いずれも一面二臂の中国風の甲冑を身につけた武人像で、足元には邪鬼を踏みつけているのが一般的です。手には剣や槍などを持ちますが、明確な区別はないため、見分けるには、配置された方位が重要になります。ただし、多聞は例外で、ほとんどは手に小さな塔（宝塔）を持ちます。

東を守護する持国は、梵名を「ドゥリタラーシュトラ」といい、「国を支える者」という意味です。名のごとく国土保全に優れた尊格です。

西を守護する広目は、梵名を「ヴィルーパークシャ」といい、「異なった目、醜い目を持つ者」という意味です。「ヴィ」には「広い、多い」の意もあることから、広目となりましたが、直訳して醜目天と呼ばれることもあります。広目の最大の特徴は「浄天眼」という千里眼が備わっていることで、万物を見通し、悪人を改心させる尊格です。

南を守護する増長は、梵名を「ヴィールダカ」といい、「成長もしくは増大した者」という意味です。五穀豊穣をもたらし、衆生の福徳を増大させます。

北を守護する多聞は、梵名を「ヴァイシュラヴァナ」といい、「一切を聞き漏らさぬ知恵者」「仏の教えをよく聞く者」という意味です。多聞は四天王の中で最強とされ、唯一、単独でも祀られます。その場合は多門ではなく、毘沙門と呼ぶのが一般的です。

広目天像の特徴

像容

甲冑を身に着けた
武将の姿

表情

目を細め、厳しく眉根を
寄せている

持物

右手に筆、左手に経巻

印相

広目天印
二手を背け合わせ、各々親指で中指の甲を押し、人さし指を交える。ただし、仏像で見ることはほとんどない

台座

邪鬼を踏みつけている

梵字

広目天

梵名　「ヴィルーパークシャ」
別名　毘楼博叉
経典　『金光明経』『仏母大孔雀明王経』『方広大荘厳経』

真言

オン　ビロバキシャ　ナギャ　ジハタ　エイ　ソワカ

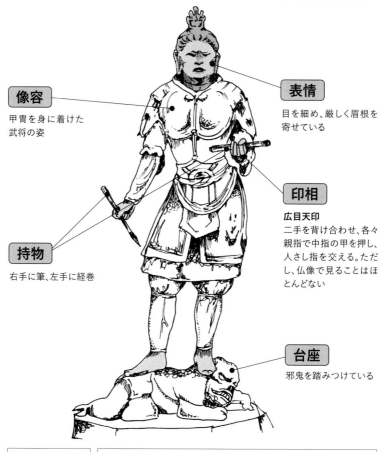

持国天像の特徴

頭部
髪の毛を上に束ねてお団子にする宝髻《ほうけい》を結う

像容
甲冑の上に天衣をまとい、足元には邪鬼を踏む

表情
赤色忿怒形

持物
太刀、三鈷剣、鉾、三鈷戟《さんこげき》の武器を持ち、もう片手には宝珠を持つ場合も

梵字

持国天

梵名 ドゥリタラーシュトラ
別名 提頭頼吒
経典 「金光明経」「仏母大孔雀明王経」「法華経」「方広大荘厳経」

真言

オン　ヂリタラシタラ　ララ　ハラマダノウ　ソワカ

増長天像の特徴

持物

剣や戟など武器を片方に持ち、高く振り上げる、もう片方の手は腰に当てている

表情

赤色忿怒形

像容

甲冑の上に天衣をまとい、足元には邪鬼を踏む。仏堂では本尊の向かって左手前に安置するのが原則

梵字

増長天

梵名　ヴィルーダカ
別名　毘楼勒叉
経典　「金光明経」「仏母大孔雀明王経」「方広大荘厳経」

真言

オン　ビロダキシャ　ウン

毘沙門天

多聞と同一尊、四天王の中で最強の軍神

四天王の多聞と同一尊であり、梵名も「ヴァイシュラヴァナ」。これが音訳されて吠室羅末拏《べいしらまぬ》、毘舎羅門となり、「毘沙門」となりました。

上杉謙信は旗印に「毘」の文字を掲げる

毘沙門の起源は古代インド神話に登場する暗黒界に住まう悪霊の長にあり、ヒンドゥー教に取り込まれてからは、財宝や福徳をつかさどるとともに、北方を守護する善神である護世神クベーラ（宮毘羅《くびら》）となりました。

仏教に取り込まれてからは、このクベーラの性格や役割を残しつつ、帝釈天の配下として四天王のひとりに配されました。毘沙門は夜叉（インド神話においては人を害する悪鬼、仏教に取り入れられてからは護法善神となる）の首領であることから、四天王の中で最強の軍神ともされます。また、密教においては、十二天の一尊として北方の護法神に位置づけられています。

毘沙門の功徳は早くから知られ、本尊に祀れば限りない福徳を得られ、またその名を聞く者はすべての罪業が消えるともされる現世利益に満ちた尊格であり、七福神の一柱にも数えられます。ただ、こうした福徳神としての信仰は室町時代からのもので、それ以前は、軍神、戦勝の神として祀られることのほうが多かったようです。ちなみに、戦国時代、最強の武将といわれた上杉謙信は、毘沙門を篤く崇敬し、旗印に「毘」の文字を掲げていました。

その姿は、一面二臂で甲冑を身につけて岩座に立ち、右手に戟（武器の一種）か宝棒を持ち、左手は宝塔を載せるか、何も持たずに腰に当てるのが一般的です。また、持物はほぼ同じでも、頭部に三面立ての宝冠をいただき、西域風の鎧をまとい、足元に尼藍婆《にらんば》と毘藍婆《びらんば》という二鬼を従え、地天女が両手で毘沙門の足を支えている像もあります。これは兜跋《とばつ》毘沙門天といい、戦勝神として信仰されました。

毘沙門天（多聞天像）の特徴

持物
武器を右手に持つのが毘沙門天。四天王の北方守護者の多聞天とする時は左手に持つ。片手に三叉戟、片手に宝塔を持つ
像容
甲冑姿で足元には邪鬼を踏む
台座
岩座

梵字

毘沙門天（多聞天像）

梵名　ヴァイシュラヴァナ
別名　多聞天
経典　「金光明経」「毘沙門天王経」「毘沙門天王功徳経」など

真言

オン　ベイシラマンダヤ　ソワカ

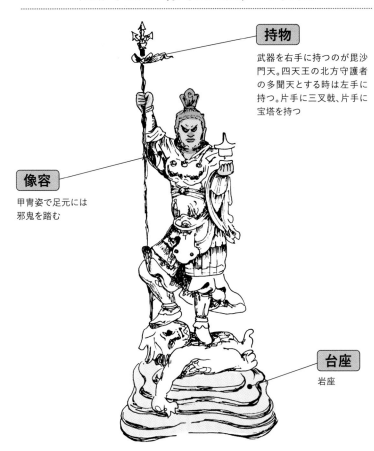

吉祥天

鬼子母神の娘であり、毘沙門天の妃

梵名を「シュリーマハーディーヴィー」もしくは「マハーシュリー」といい、いずれも「大いなる功徳」という意味です。

姿は容姿端麗で、魅惑的に表すことが通例

吉祥天は吉祥天女、吉祥功徳天とも呼ばれ、もとは古代インド神話に登場するヴィシュヌ神（ヒンドゥー教の主要三神のひとつで、宇宙を維持する神）の妃であるラクシュミーのこと。ラクシュミーは美と福徳、豊穣と幸運をつかさどる女神であり、仏教に取り入れられてからも、その性格や役割は引き継がれました。仏教において吉祥天は鬼子母神の娘であり、毘沙門の妃とみなされ、それゆえ吉祥天は単独で祀られるだけでなく、毘沙門と一対で、もしくは善膩師童子《ぜんにし》（毘沙門と吉祥天の子）も加わり、三尊で祀られることも。

吉祥天への信仰は古く、奈良時代にはすでに、公的にも個人的にも祀られていました。国家レベルでは護国経典である「金光明最勝王経」に基づき、これまでの罪禍を懺悔し、国家安泰や五穀豊穣を願う「吉祥悔過会」の本尊として崇敬されていました。

個人レベルでも福徳を授けてくれる神として広く信仰を集め、一時は福禄寿に代わり、七福神の一柱にも数えられました。また、寺院だけでなく神社でも、吉祥天を信仰の対象としているところもあります。

その姿は、「陀羅尼集経」に説かれる姿を基本とするものがほとんどで、一面二臂で、唐時代の貴婦人を思わせる天衣をまとい、頭には宝冠をいただき、装身具できらびやかに飾り、左手には如意宝珠を載せ、右手は与願印を結びます。

また、吉祥天の姿は容姿端麗で、魅惑的に表すことも通例で、「日本霊異記」（平安初期の仏教説話集）には、ある修行僧が、山寺に祀られた吉祥天像のあまりの美しさに恋をしてしまい、ある夜、吉祥天と交わる夢を見て、翌日己を深く恥じたという話が載っているほどです。

吉祥天像の特徴

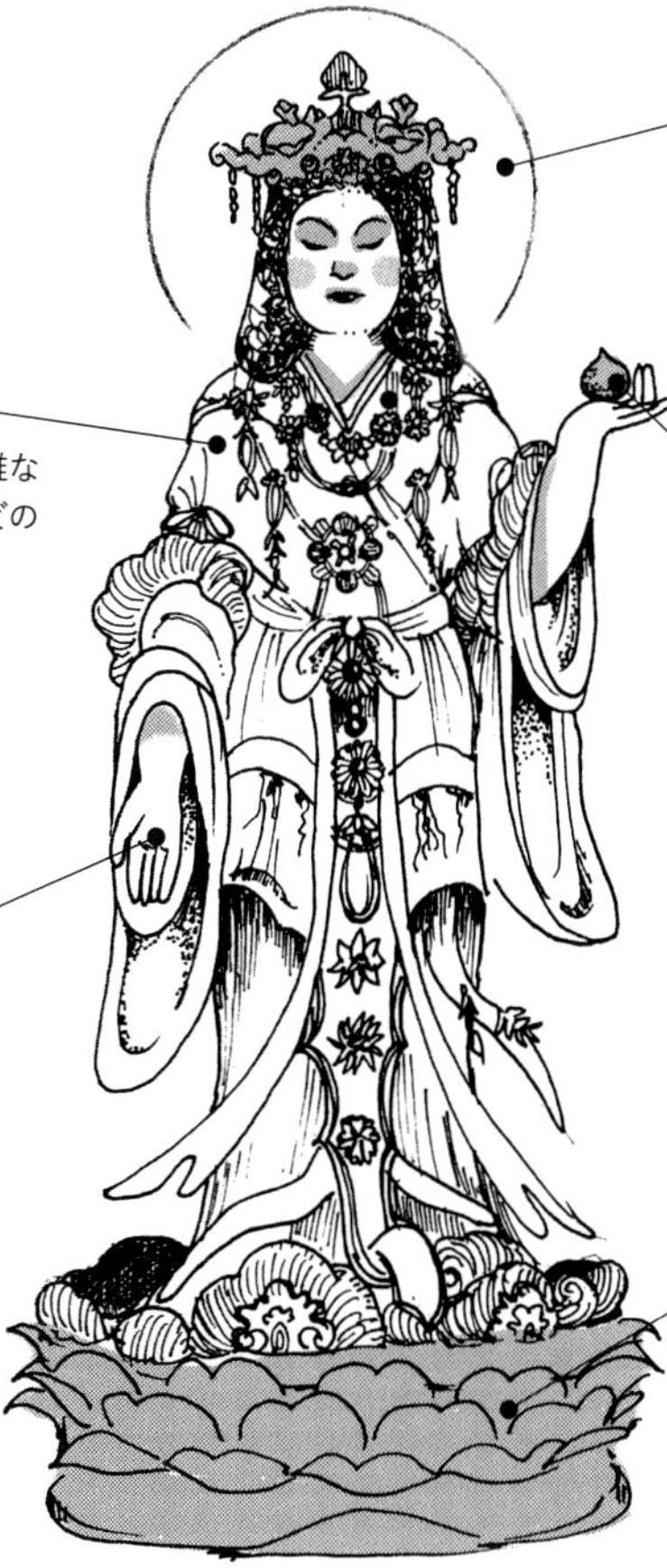

光背

頭光

像容

一面二臂。唐風の優雅な衣装と、宝冠、瓔珞《ようらく》などの華やかな飾りが特徴

持物

蓮とかかわりの深いラクシュミーだったことから、本来は蓮の葉が重要とされるが、日本の吉祥天像の多くは左手に如意宝珠を持ち、右手は施無畏印を結ぶものが多い

印相

施無畏印
右手を上げる
与願印
左手を垂らす

台座

蓮華座

梵字

吉祥天

梵名　「シュリーマハーディーヴィー」もしくは「マハーシュリー」
別名　功徳天、宝蔵天女
経典　『金光明経』『大吉祥天女十二契一百八名無垢大乗経』

真言

オン　マカ　シュリヤ　エイ　ソワカ

弁才天

学問や音楽の才を与える七福神の一柱

弁才天《べんざいてん》は梵名を「サラスヴァティー」といい、意味は「水を持つ者」。聖なる河を神格化したもので、水と豊穣の女神でした。

梵天の娘や妃、七福神の一柱

古代インドでは川(水)は流れるものであることから、流れるものすべて(言葉や音楽など)の女神となり、さらに弁舌の神・ヴァーチと習合したことで、恵みをもたらす福徳神であると同時に、学問や音楽の才を与える神になりました。

これらのことから、妙音天、大弁才天、大弁才天女と漢訳され、略して弁天とも呼ばれます。

日本では「弁〝財〟天」と書くことも多いですが、これは室町時代以降に、福徳・財宝神としての性格が強調されていった結果、用いられるようになった当て字・俗称の類。正式にはやはり「弁才天」です。

また、サラスヴァティーは、バラモン教(ヒンドゥー教)の最高神であるブラフマー(仏教では梵天)が父であり、夫ですが、弁才天を梵天の娘や妃としてともに祀る例はほぼなく、単独で祀るか、七福神の一柱として祀られます。

その姿は大きく分けて一面二臂と、一面八臂があります。前者は密教系の像で、菩薩形で琵琶を奏でる坐像として表されます。七福神として親しまれている姿は、これを基本にしています。

後者は「金光明最勝王経」に基づくもので、八本の手には弓、矢、刀、矛、斧などを持ちます。いずれも武器であり、弁才天は戦闘神的な側面も持っていることを示しています。しかし福徳神としての性格が強調されるにつれ、持物の一部を宝珠や宝棒に代えるとともに、髻《もとどり》に人頭蛇神(宇賀神)をいただくようになりました。この弁才天を信仰する霊場のうち、近江(滋賀)の竹生島弁天、相模(神奈川)の江ノ島弁天、安芸(広島)の厳島弁天が、「日本三大弁天」とされ、現在でも多くの参拝者が訪れています。

弁才天像の特徴

梵字

弁才天

梵名　サラスヴァティー
別名　弁財天、辨財天
経典　「金光明最勝王経」

真言

オン　ソラソバティ　ソワカ

大黒天

戦勝祈願の本尊だったが、今は七福神の一柱

梵名を「マハーカーラー」といい、「マハー」は「大いなる、偉大なる」を、「カーラー」は「暗黒」を意味し、そこから大黒《だいこく》となりました。

死と破壊、再生の神・シヴァ神の化身

大黒は七福神の一柱に数えられ、福の神のイメージが強いですが、実は死と破壊、再生の神であるヒンドゥー教のシヴァ神の異名である大自在天（魔醯首羅天《まけいしゅらてん》とも呼ぶ）の化身です。本来は戦闘をつかさどる尊格で、全身に灰を塗って身体を青黒くした忿怒の神であり、荼呮尼天《だきにてん》などの夜叉を従える夜叉王とされます。

夜叉王としての大黒は、胎蔵界曼陀羅の外金剛部院に描かれる姿が代表的で、三面三目六臂の忿怒相で、身体は黒く、髪は逆立ち（焔髪）、どくろの瓔珞《ようらく》（ネックレス）を身につけ、手には剣や人頭、羊を持ちます。こうした戦闘神としての性格から、古くは弁才天、摩利支天《まりしてん》と共に戦勝祈願の本尊とされました。

一方で、古代インドの時代から、大黒には厨房・食堂の守り神という側面もあり、そこから穀物の神、食の神、蓄財の神といった福徳神としての性格も加わっていきました。

密教伝来とともに日本に大黒が伝わった際には、すでに軍神としてより、福徳神としての性格が強調されていたようです。密教を通じて伝えられたことから、当初は真言宗や天台宗で信仰され、中でも天台宗の開祖である最澄が、大黒、弁才、毘沙門が合体した三面大黒を比叡山延暦寺の台所の守護神に祀ったことから、大黒への信仰は次第に一般にも流布しました。

さらに、大黒は日本神話に登場する出雲の主神・大国主神と同音であることから習合し、そこから現在よく見る、烏帽子をかぶり、左肩に袋をかつぎ、右手に打ち出の小づちを持ち、俵に乗る姿の大黒が誕生し、近世には七福神の一柱に取り入れられ、ますます信仰を集めました。

大黒天像の特徴

持物

打ち出の小槌、大きな袋

頭部

烏帽子や頭巾をかぶる

表情

柔和相だが本来は忿怒相

像容

狩衣のような衣装。俵に片足を乗せる長者姿。密教では容姿は青黒い三面で、中央の顔は三眼。一面二臂、一面四臂、一面六臂、三面二臂、三面四臂、三面六臂など多様

梵字

大黒天

梵名　マハーカーラ
別名　大黒様
経典　「仁王経」「大日経」など

真言

オン　マカ　ギャラヤ　ソワカ

歓喜天
（聖天）

大日如来、もしくは観自在菩薩の化身

梵名を「ナンディケーシュヴァラ」といい、「歓喜自在」という意味です。そのため大聖歓喜自在天と漢訳され、歓喜天となりました。

象頭の男天と女天が抱き合っている双身像

歓喜天の起源は、古代インド神話に登場する象頭のガネーシャ神にあります。ガネーシャは、ヒンドゥー教の最高神の一柱であるシヴァ神とその妃パールヴァティーの子で、もとは人を害する障礙神でしたが、次第にあらゆる障害を除去し、財福をもたらす善神となり、現在でもインドでは「富の神」として絶大な人気を誇っています。

こうしたガネーシャの性格や役割は仏教にもそのまま取り入れられ、すべての障害や困難を排し、仏法を守護する護法神になりました。

仏伝によると、まだ障礙神だったガネーシャのせいで疫病が蔓延した折、十一面観音が象頭の女神に変身して彼のもとを訪れ、仏法に従うなら妻になると伝えたところ、ガネーシャは喜んで応じ、女神と歓喜して抱き合ったといいます。それゆえ歓喜天の姿は、象頭の男天と女天が抱き合っている双身像で現されることが多いですが、象頭人身の独尊像もあります。

歓喜天は仏道修行の邪魔となる欲望を否定せず、まずはその欲望を成就させ、満足したあとに菩提心を起こさせるという性格も持ちます。そのため、他の神仏が叶えてくれない願いでも叶えてくれるほど功徳は強力で、特に商売繁盛、夫婦和合、子授けの利益で知られています。

密教においても、歓喜天を本尊にするさまざまな修法が行なわれ、中でも最も霊験あらたかとされるのが、本尊に油を注ぎながら行なう浴油供です。

ただし、歓喜天は与える罰も激しく、穢れを極端に嫌う尊格でもあり、祀るに際しては細心の注意が必要とされ、それゆえ尊像も絶対秘仏であることが多いです。

歓喜天像の特徴

頭部

頭に天華冠《てんかかん》を付けているほうが女天。付けていないほうが男天と区別がされている。冠を付けているほうが十一面観音、その十一面観音に抱擁され、足を踏まれているのが毘那夜迦王といわれている

その他の特徴

頭部が相手の右肩に乗せられている

像容

立像で抱擁している象頭人身の双身像。象頭人身の単身像もある。単身像には、手の数が二臂、四臂、六臂、八臂、十二臂の五種類がある

梵字

歓喜天

梵名　「ナンデイケーシユヴァラ」
別名　聖天《しょうてん》、天尊、毘那夜迦《びなやか》、誐那鉢底《がなばてい》など
経典　「使咒法経」「大使咒法経」「仏説金色誐那鉢底陀羅尼経」など

真言

オン　キリ　ギャク　ウン　ソワカ

その他の天部

韋駄天、摩利支天、荼吉尼天

韋駄天《いだてん》は梵名「スカンダ」（跳ぶ者）、摩利支天《まりしてん》は梵名「マリーチ」（陽炎、威光）、荼吉尼天《だきにてん》は梵名「ダーキニー」を音写したものです。

韋駄天——増長天に属する八将軍のひとり、俊足の神

もとはバラモン教の神で、シヴァ神の子のひとりとされます。仏教に取り入れられてからは、増長天に属する八将軍のひとりとなりました。伽藍《がらん》（僧侶が仏道修行をする清浄閑静な場所、転じて寺院）の守護神でもあり、子どもの病魔を取り除く神でもあります。

釈迦涅槃の折、悪鬼が仏舎利《ぶっしゃり》（釈迦の骨）を奪って逃げたのを追いかけて取り戻したという俗伝から、「俊足の神」として知られるようになり、「韋駄天走り」（早く走ること）という言葉も生まれました。

摩利支天——あらゆる困難を排してくれる尊格

もとは陽炎や太陽や月の光線を神格化したもので、古代インドにおいて民間の間で信仰されていた神でした。仏教に取り入れられてからは、目には見えない速さで動き、さらに大きな神通力によってあらゆる困難を排してくれる尊格となり、護身、隠身、得財、勝利などの利益があるとされ、日本では武士の守り本尊とされ、近世以降は、特に相撲界において必勝祈願の神として信仰されました。

摩利支天は女天であることも特徴で、その姿は唐風の衣をまとい、左手に天扇を持つ一面二臂の坐像と、三面六臂、あるいは八臂で、猪の背に置かれた三日月の上に立ち、手には弓や矢などの武器を持つ立像が知られています。

荼吉尼天——夜叉から仏法守護の神へ

古代インド神話においては人肉を食する夜叉でしたが、大黒天に調伏され、仏法守護の神に変じました。日本ではその本体を狐の精とし、稲荷大明神と同一と考えます。その姿は白狐にまたがる天女形として表されます。

韋駄天像の特徴

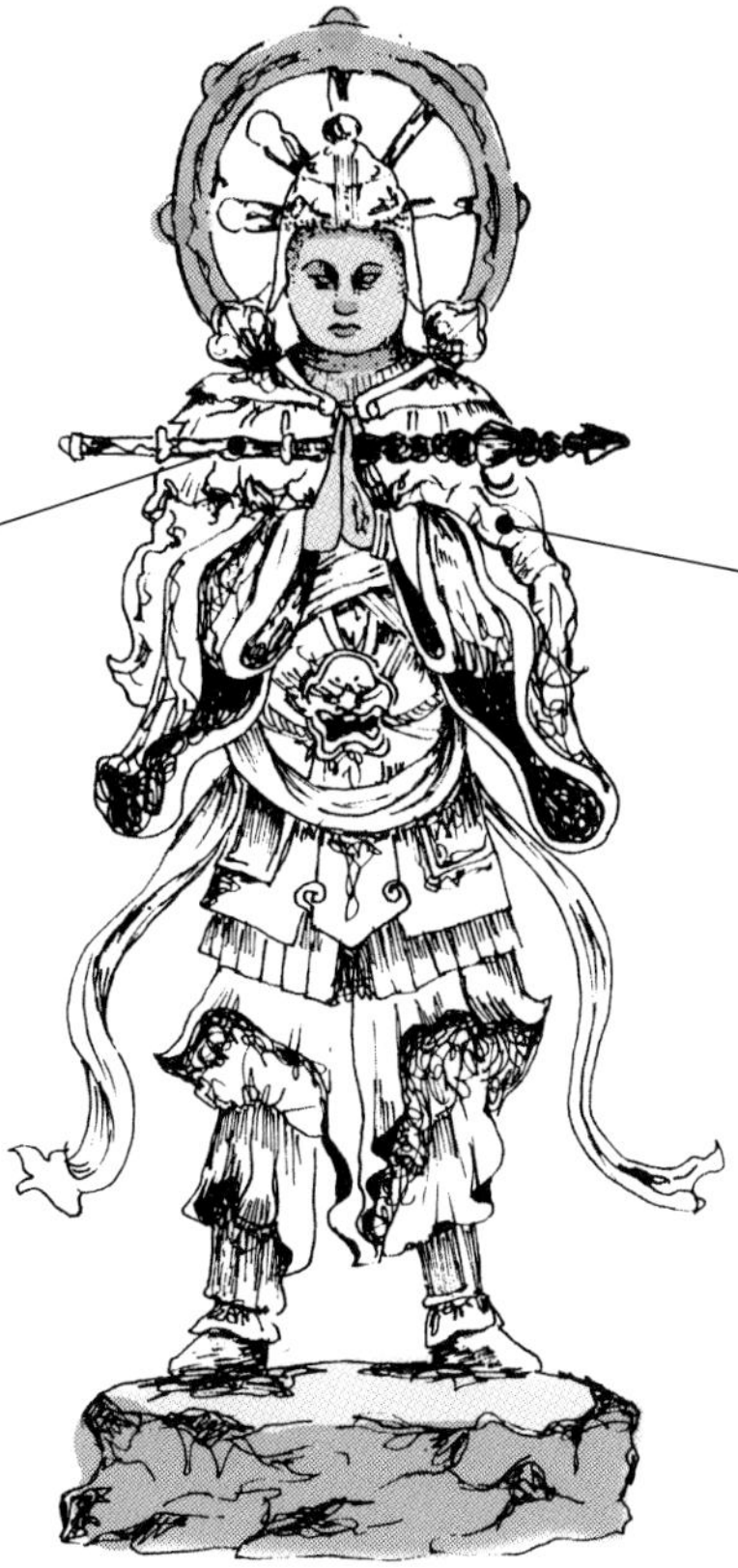

光背

火炎を配した輪宝

持物

合掌した両手に宝棒や剣を横たわせていることが多い

像容

一面二臂。甲冑を身に着けた武将姿。天衣を身につける

梵字

韋駄天

梵名　スカンダ
別名　韋陀、韋天将軍
経典　『金光明最勝王経』『金光明経』など

真言

オン　イダテイタ　モコテイタ　ソワカ

摩利支天像の特徴

像容

三面六臂で猪の上の三日月の上に立つ。唐風の衣をまとい、左手に天扇を持つ一面二臂の坐像もある。元来二臂の女神像であるが、男神像も造られている

持物

弓や矢、戟など

印相

与願印
右手を下に垂らす

梵字

摩利支天

梵名　「マーリーチー」
別名　阿弥陀仏、無量光仏、無辺光仏など
経典　『仏説無量寿経』『仏説観無量寿経』『仏説阿弥陀経』

真言

オン　マリシエイ　ソワカ

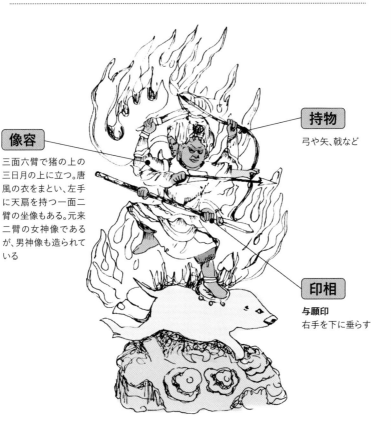

荼枳尼天像の特徴

持物

宝剣、宝珠、稲束、鎌を持つ

像容

霊狐にまたがり、中国風の衣装を着る優雅な天女形

梵字

荼枳尼天

梵名　ダーキニー

別名　荼吉尼天、吒枳尼天、吒天

経典　「阿羅婆沙曩叱枳尼経」「相観陀羅尼経」「神験呪王経」など

真言

オン　ダキニ　ギャチ　ギャカニエイ　ソワカ

十二神将

薬師如来の世界を守護する

仏教の信仰・造像の対象である天部の神々。十二夜叉大将、十二神明王ともいい、薬師如来および薬師経を信仰する者を守護するとされる十二体の武神の総称です。

元は仏教の敵となる夜叉や羅刹

薬師如来が衆生の救済を行なうべく立てた「十二の誓願」が由来となっており、その分身が十二神将だと言われています。経典にはさらに各々七千の眷属を従えて護法の任に当たると説かれています。

それぞれが昼夜の十二の時、十二の月、または十二の方角を守ります。

名前は梵字を漢字化したもので、元は仏教の敵となる夜叉・羅刹（鬼）や悪魔という存在でした。

毘羯羅《びから》は梵名ヴィカラーラという女神です。インド神話では阿修羅族と戦います。

招杜羅《しょうとら》はインド神話のチャトゥラです。

真達羅《しんだら》はインドのシンドゥーラ。

摩虎羅《もごら》はインドのマホラガ・マクラ。

波夷羅《はいら》はインドのパジュラ。

因達羅《いんだら》はバラモン教において重要な神様の一柱である雷神インドラが由来です。

珊底羅《さんていら》はシャンディラ。

頞儞羅《あにら》はアニラから由来され、摩尼羅《まにら》とも呼ばれます。

安底羅《あんていら》はアンディーラ

迷企羅《めきら》は弥法羅《みこら》とも言われ、ミヒラが由来とされます。

伐折羅《ばさら》はヴァジュラが由来とされます。

宮毘羅《くびら》十二神将筆頭の神とも言われ、元々はインドのヒンドゥー教のガンジス川の鰐を神格化したクンビーラ（マカラ）という神様が由来です。

これら各大将は、鎧《よろい》に身をかため、それぞれ異なった持ち物を持って、薬師如来の世界を守る役目をしています。

十二神将

名前	梵名	本地 （化身前の本来の姿）	十二支	別名
宮毘羅《くびら》	クンビーラ	弥勒菩薩	亥	金毘羅《こんぴら》
伐折羅《ばさら》	ヴァジュラ	勢至菩薩	戌	和耆羅《わきら》
迷企羅《めきら》	ミヒラ	阿弥陀如来	酉	弥法羅《みこら》
安底羅《あんちら》	アンディーラ	観音菩薩	申	安陀羅《あんだら》
頞儞羅《あにら》	アニラ	如意輪観音	未	摩尼羅《まにら》
珊底羅《さんちら》	シャンディラ	虚空蔵菩薩	午	宗藍羅《しゅうらんら》
因達羅《いんだら》	インドラ	地蔵菩薩	巳	因陀羅《いんだら》
波夷羅《はいら》	パジュラ	文殊菩薩	辰	婆耶羅《ばやら》
摩虎羅《まこら》	マホーラガ	大威徳明王	卯	摩休羅《まくら》
真達羅《しんだら》	キンナラ	普賢菩薩	寅	真陀羅《しんだら》
招杜羅《しょうとら》	チャトゥラ	大日如来	丑	昭頭羅《しょうとら》
毘羯羅《びから》	ヴィカラーラ	釈迦如来	子	毘伽羅《びから》

阿修羅

戦いの神から正法を護持する善神に

復讐に燃える悪鬼となって幾度となく帝釈天に戦いを挑んだ阿修羅。壮絶な戦いを繰り広げた場を「修羅場《しゅらば》」というがその語源でもあります。

帝釈天との争いから天界追放へ

阿修羅は梵名をアスラといい、もとはインド古来の異教の神です。怒りや争い、戦いなどが好きな鬼神でしたが、お釈迦様に帰依して、天・龍・夜叉・乾闥婆・阿修羅・迦楼羅・緊那羅・摩護羅伽という仏教を守る八部衆に入りました。

阿修羅は帝釈天に歯向かった悪鬼神として認識されていますが、阿修羅が天界から追われて修羅界を形成した逸話があります。

阿修羅はもともと正義を司る神で、帝釈天は力を司る神でした。ある日、阿修羅の娘である舎脂《しゃし》に一目惚れした帝釈天は舎脂を無理やり奪いました。それに怒った阿修羅が帝釈天に戦いを挑むことに。帝釈天は配下の四天王などの軍勢も遣わせて応戦しました。その間、舎脂は逆に帝釈天を愛してしまい、阿修羅はそのためさらに逆上し、争いは天界全体を巻き込む大戦乱となりました。

復讐の鬼となった阿修羅は何度も戦いを挑みますが、ついに天界を追われ、六道（天・人・阿修羅・畜生・餓鬼・地獄）の一つである修羅道に落とされてしまいました。阿修羅道は、「瞋・慢・痴」すなわち〈いかり〉〈おごり〉〈おろかさ〉の三つの心を原因として生ずる世界で、常に争いが絶えません。

阿修羅は仏教では八部衆に入りましたが、それはあるとき阿修羅は釈迦の説法の邪魔をするため、悪神たちと法話聴いていたものの、釈迦の法話に感動した阿修羅は逆に邪魔をする悪神たちに怒り、追い出してしまいました。その後、心静かに法話を聴いていたといいます。こうして阿修羅は正法を護持する善神となり、八部衆のひとりとなったのです。

阿修羅像の特徴

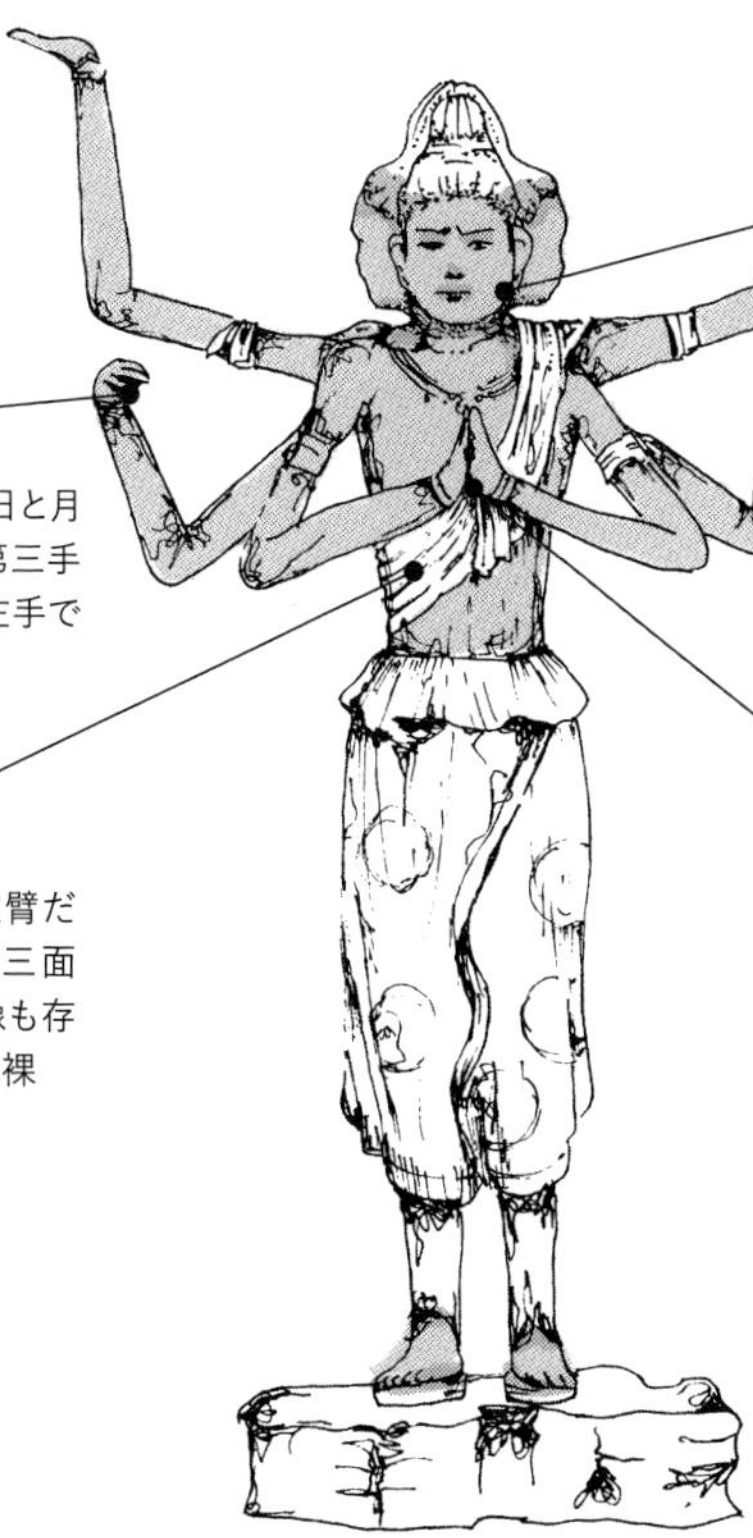

表情

少年のような顔立ちが特徴

持物

左右第二手で、日と月の宝玉を持ち、第三手の右手で宝矢、左手で宝弓を持つ

像容

基本的は三面六臂だが、三面四臂や三面二臂の阿修羅像も存在する。上半身は裸

印相

来迎印

左右第1手は合掌印を結ぶ

梵字

阿修羅

梵名　アスラ
別名　阿須羅、阿素羅、阿素洛、阿須倫など
経典　「法華経」「阿弥陀経」など

真言

オン　アスラ　ガーラ　ラヤーン　ソワカ

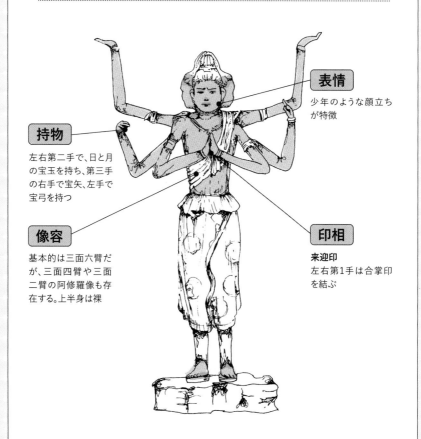

その他の神様①

蔵王権現

釈迦・千手・弥勒の功徳が備わった修験道の本尊

正式には金剛蔵王権現《ざおうごんげん》、金剛蔵王菩薩と呼びます。金剛蔵王とは「究極不滅の真理を体現し、あらゆるものをつかさどる王」という意味です。

一面三目二臂の忿怒相

権現とは如来や菩薩が衆生を救うために、さまざまな姿を取って現れることをいいます（「権」は「臨時」「仮に」という意味）。また、その現れた姿のこと自体も指します。権現にはさまざまありますが、中でも有名なのが、蔵王権現で、インドに起源を持たない日本独自の尊格でもあります。

「金峰三秘密伝」によると、奈良時代に優れた呪術の持ち主として知られ、修験道の祖となった役行者《えんのぎょうじゃ》（役小角《えんのおづぬ》）が、大和国（現・奈良県）金峰山で修行中に守護神を請い願ったところ、はじめに釈迦如来が、次に千手観音が、さらに弥勒菩薩が現れましたが、役行者はどれも守護神とするには力不足とし、さらに祈願したところ、この蔵王権現を感得したといいます。

それゆえ蔵王権現には、釈迦・千手・弥勒の徳や功徳が備わっているとされます。

役行者が山上ヶ岳で祈念した折、はじめに現れたのは弁才天で、それに満足せず、最後に感得したのが蔵王権現であったとする説や、役行者が大峰に千日籠ったあとに蔵王権現を感得した説もあります。

いずれせよ、蔵王権現は得難い優れた力を持った尊格であることを示しており、修験道の本尊として、現在でも篤く信仰されています。

その姿は密教の明王像とよく似ており、一面三目二臂の忿怒相で、身体は青黒く、髪は逆立ち（怒髪天《どはってん》）、右手は三鈷杵を振り上げ、左手は剣印を結んで腰に当て、右足は高く上げ、左足は大地を力強く踏むという躍動的な姿で現されるのが一般的です。

この姿から、五大力菩薩や執金剛神が原型になったとする考えもあります。

蔵王権現像の特徴

持物

右手に三鈷杵を振り上げ、左手は腰の辺りで剣印を結ぶ

光背

火焔光

頭部

怒髪天

像容

一面三目二臂の忿怒相。身体は青黒く、右手と右脚を高く上げ、左手は腰に当てている

印相

刀印

右手の人さし指と中指を伸ばし、薬指と小指は曲げて親指で軽く押さえ、刀印の形を作る

梵字

蔵王権現

別名　剛蔵王権現、金剛蔵王菩薩

真言

オン　バリキュウ　ソワカ

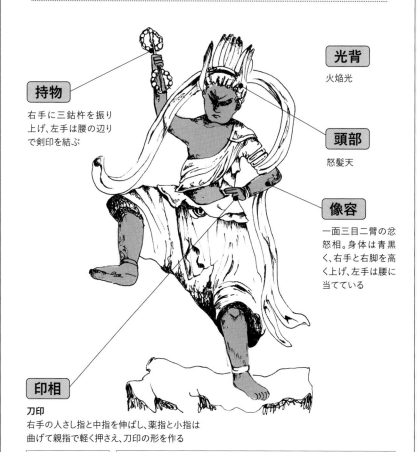

その他の神様②

三宝荒神

悪人を調伏し、三宝に帰依する者を守護する

日本特有の尊格である荒神の中でも最も有名なのが三宝荒神《さんぼうこうじん》。たんに「荒神」とだけ呼ぶ時は、三宝荒神を指します。

荒神とは日本固有の地主神

荒神とは仏教における日本特有の尊格で、本来の仏典で、その存在を説かれることはなく、日本固有の地主神など民間で信仰されていた神が仏教に取り入れられたものと考えられています。現在では神道の神として祀られることもあります。

日本古来の伝承によれば、神の霊魂には平和的で優しく福徳を約束する「和魂《にきたま》」と、戦闘的で強力な功徳をもたらす半面、畏敬の念を持って接しなければ祟りやすい「荒魂《あらたま》」のふたつの側面があり、荒神はこの荒魂の性格を引き継いでおり、粗略に扱えば、害をもたらす神に転じるとされ、畏怖されました。

三宝荒神の成立には諸説ありますが、開成皇子（奈良時代の僧、光仁天皇の子）、あるいは役行者が感得した尊格であり、一千万の眷属を従えると伝えられています。ちなみに神道では素戔嗚尊《すさのお》の子、あるいは子孫とされます。

三宝とは「仏法僧」（仏陀・仏法・仏僧）と呼ばれる、仏教における三つの宝のことで、三宝荒神は悪人を調伏し、三宝に帰依する者を守護する尊格です。

荒神は不浄を嫌い、災難を除去する神でもあり、かつての日本では台所やかまどが最も清浄な場であるとされたことから、火の神、かまどの神として屋敷内で祀られるようになりました。現在でも台所の神様として、広く信仰を集めています。

その姿は、三面六臂、あるいは八面（三面の頭上に五つの小さい面を載せる）六臂の忿怒相で、持物は像によってさまざまですが、輪法、金剛鈴、宝珠、宝塔、五鈷杵、蓮華が多いようです。

三宝荒神像の特徴

持物
宝珠、金剛鈴、塔、金剛杵、蓮華、輪宝など
表情
忿怒相。頭髪を逆立てて眼は吊り上がっている
像容
三面六臂、または八面六臂
台座
岩座が多い

梵字

三宝荒神

別名　三方荒神
経典　「大荒神経」「无障礙経（無障礙経）」

真言

オン　ケンバヤ　ケンバヤ　ソワカ

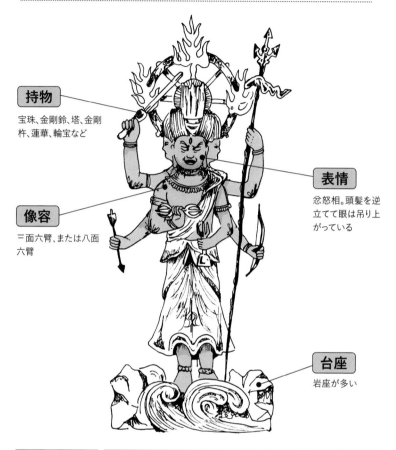

七福神

大黒天、恵比寿、毘沙門天、弁才天、布袋、福禄寿、寿老人

七福神は、福徳神として信仰されている七柱の神ですが、福禄寿と寿老人を同体と考え、代わりに吉祥天や猿田彦《さるたひこ》神を加える場合もあります。

室町時代に七福神としてまとめられた

それぞれの神の起源や背景は、インド（ヒンズー教、仏教）、中国（道教）、日本（神道）とさまざまで、もともと個別で信仰を集めていましたが、室町時代にそれらをまとめて七福神として祀るようになりました。

米俵や財宝を積んだ船に七福神を乗せた「宝船の図」を、吉夢の初夢を見るために枕の下に敷いたり、各地で七福神巡りが行なわれるなど多くの習慣が生まれ、現在も盛んに信仰されています。

それぞれの神の特徴や姿については、大黒天、毘沙門天、弁才天は別項で述べた通りです。

恵比寿《えびす》は七福神の中で唯一、日本古来の神です。「えびす」と呼ばれる神は複数いますが、伊奘諾《いざなぎ》・伊奘冉の子である蛭子《ひるこ》命、あるいは大国主命《おおくにぬしのみこと》の子である事代《ことしろ》主神《ぬしのかみ》を指すことが多いようです。戎、恵比須などとも表記します。その姿はふくよかな笑顔（恵比寿顔）で、狩衣をまとい、また恵比寿は海上・漁業の守り神であることから釣り竿と鯛を手にしています。商売繁盛のご利益でも有名です。

布袋《ほてい》は唐代末から五代時代にかけて、中国に実在した禅僧です。常に袋（頭陀袋《ずだぶくろ》）を背負っていたことから布袋と俗称されました。人の吉凶や天気を予知し、弥勒菩薩の化身として世間から尊ばれたといいます。その姿は福々しい笑顔に、肥満した太鼓腹で、大きな袋をかついでいます。円満の相として水墨画の好画題にもなりました。

福禄寿《ふくろくじゅ》と寿老人《じゅろうじん》は、共に道教で信仰された仙人で、長寿の神です。その姿は、福禄寿は頭がとても長いのが特徴で、鶴を伴うことが多く、寿老人は手に不老長寿のシンボルである桃を持ったり、巻物を咥えた鹿を伴うことが多いです。

七福神

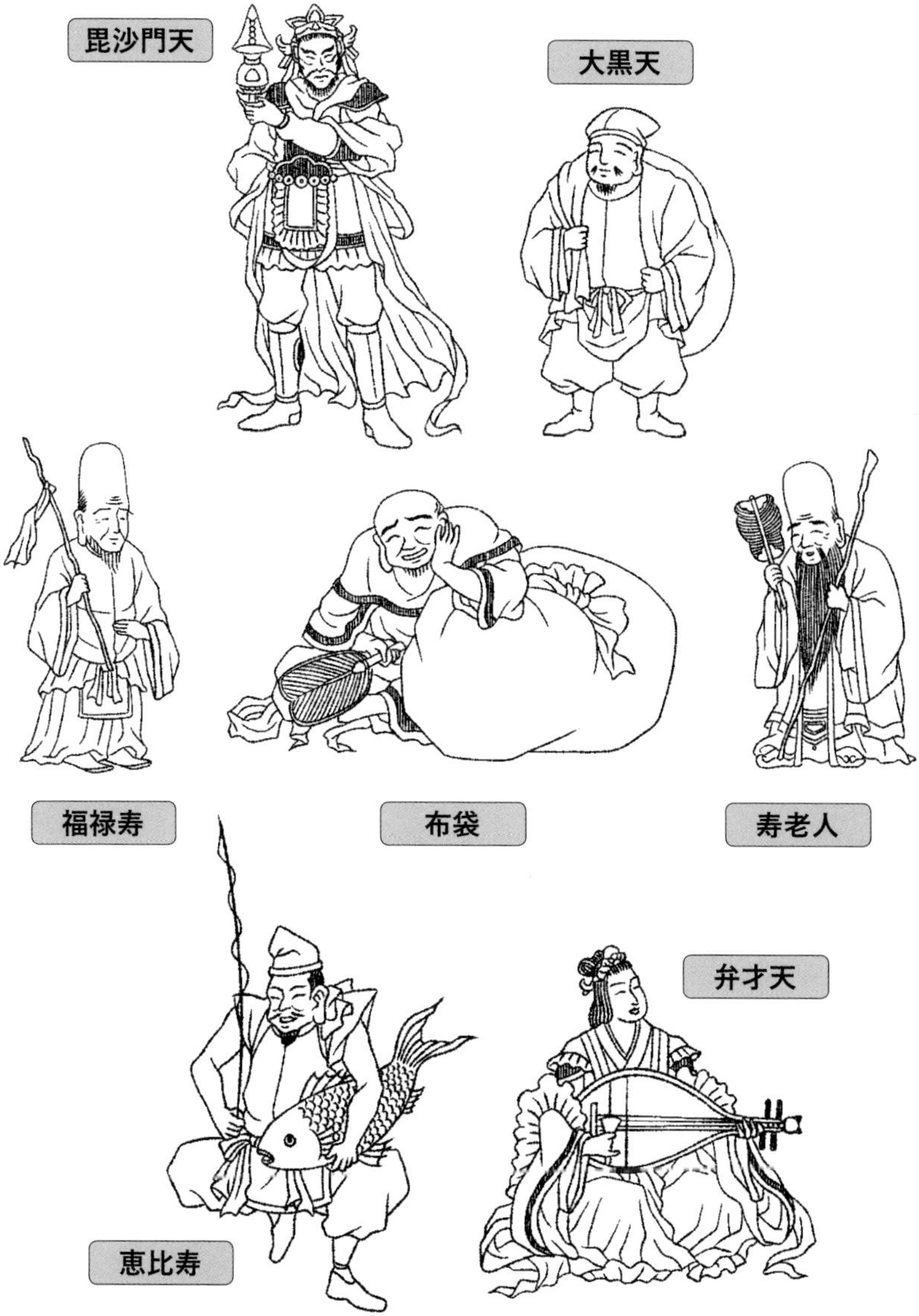
毘沙門天
大黒天
福禄寿
布袋
寿老人
弁才天
恵比寿

その他の神様④

鬼子母神

子どもと安産の守り神

鬼子母神《きしぼじん》は法華経を読誦し、受持する者を擁護すると誓った女神。法華経の守護神、現世利益の神として、広く信仰されています。

釈迦に諭され、仏教に帰依

鬼子母神の梵名は「ハーリーティー」といい、それを音写した訶梨帝母《かりていも》とも呼ばれます。

「一切説根本有部毘奈那雑事」によると、鬼子母神はもとは夜叉であったころの毘沙門天の部下の武将・八大夜叉大将パーンチカ（般闍迦）の妻で、五百人もしくは一万人の子を持つ母でしたが、自分の子どもを育てるための栄養をつけるため、人間の子をさらって食らう鬼女であり、人々から恐れられていました。

そこで釈迦が彼女が最も愛していた末っ子のビンガラ（嬪伽羅）を隠したところ、彼女は反狂乱になって、七日間、世界中を探し回りましたが見つけることができず、助けを求めて釈迦にすがりました。

すると釈迦は、「お前は多くの子を持ちながら、ひとりを失っただけでそれだけ嘆き悲しむ。ならば、ただひとりの子を失う親の苦しみがいかほどかわかるだろう」と教え諭し、鬼子母神は改心して仏に帰依し、釈迦は隠していたビンガラを彼女に戻したといいます。

こうして鬼子母神は仏教における護法神となり、同時に子どもと安産の守り神になりました。また、盗難除けのご利益もあるとされます。

その姿は、ふくよかな天女形で、宝衣、瓔珞《ようらく》（ネックレス）を身につけ、左手で幼子を抱き、右手で吉祥果（ザクロ）を持ち、童子たちに囲まれて、台座に座して右足を踏み下げるか、台座に腰かけるのが一般的です。

なお、鬼子母神がザクロを持つのは、ザクロは人肉と味が似ており、代わりに食べるよう釈迦がすすめたという説がありますが、これは日本で作られた俗伝とされます。

鬼子母神像の特徴

頭部
宝冠をかぶる

持物
右手には吉祥果《ざくろ》を持ち、左手で幼子を抱えている

像容
宝衣を着るなど、天女のような姿をしている

梵字

鬼子母神

梵名　ハーリーティー
別名　訶梨帝母《かりていも》
経典　『鬼子母経』など

真言
オン　ドドマリ　ギャキテイ　ソワカ

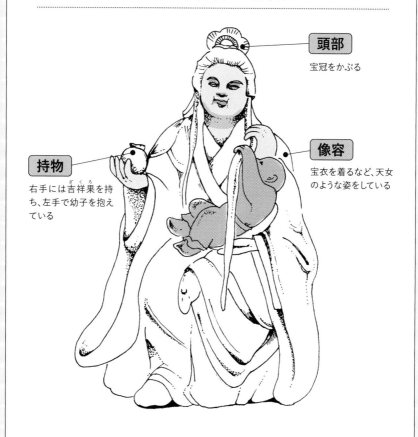

その他の神様⑤
金剛力士
（仁王）

金剛杵を手に仏法の守護を担う

梵名を「ヴァジュラパーニ」といい、意味は「金剛杵を持つ者」。金剛杵とは仏の智恵を象徴する神聖な武器で、仏敵を退散させるとされます。

阿吽は万物すべてを象徴するもの

異説もありますが、金剛力士はもとは執金剛神という独尊で、やがて仏の聖域（寺院）に仏敵が侵入するのを防ぐために二体に分かれ、聖域の入り口で左右から睨みを利かすようになったとされます。

それゆえ金剛力士は寺院の表門などに安置されることが多く、また、ふたりの王＝「二王」であることから「仁王」とも呼ばれます。

その姿はさまざまに表され、甲冑を身につけたものもありますが、忿怒相で、裳を腰にまとうだけの半裸形で筋骨隆々に表されるのが一般的です。持物も一定しておらず、金剛杵を持つものもあれば、何も持たずに大きく手を開いているだけのものもありますが、最大の特徴は、片方の金剛力士は口を開き、もう片方の金剛力士は口を閉じていることです（通常は向かって右側の金剛力士が口を開き、左側の金剛力士が口を閉じる）。

口を開いているほうを「阿形」と呼び、口を閉じているほうを「吽形」と呼びます。サンスクリット語において、阿は字音の初めであり、吽は字音の終わりであることから、阿吽は宇宙の始まりと終わり、つまり万物すべてを象徴するものとされます。また、阿を真理の追究、吽を一切が帰着する智徳や涅槃《ねはん》に例えることもあります。

いずれにせよ、阿と吽で一対であり、それゆえ息がぴったり合うことを「阿吽の呼吸」と呼ぶようになりました。また、神社の入り口にある狛犬も、片方は口を開き、片方は口を閉じていますが、これもルーツは金剛力士像にあるとされています。

金剛力士像の特徴

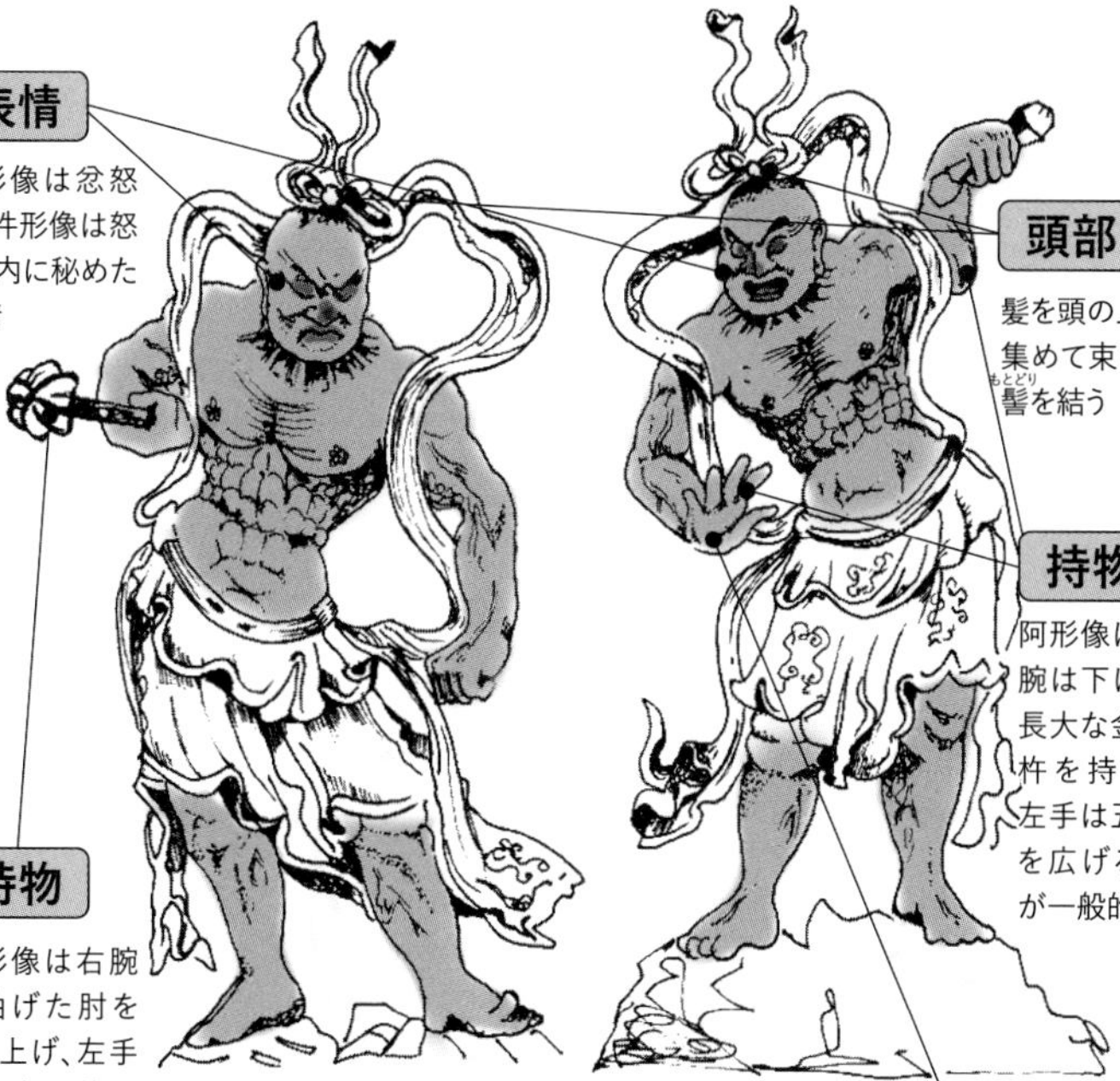

表情

阿形像は忿怒相、吽形像は怒りを内に秘めた表情

頭部

髪を頭の上に集めて束ねる髻《もとどり》を結う

持物

阿形像は右腕は下げて長大な金剛杵を持ち、左手は五指を広げるのが一般的

持物

吽形像は右腕は曲げた肘を高く上げ、左手には金剛杵を持つのが一般的

像容

開口の阿形像《あぎょうぞう》と口を結んだ吽形像《うんぎょうぞう》の二体を一対として、寺院の表門に安置することが多い。裳を腰にまとうだけの半裸形で筋骨隆々

印相

阿弥陀定印
拳印（仏像で見ることはない）

梵字

金剛力士

梵名　「ヴァジュラパーニ」
別名　仁王
経典　『密迹金剛力士経』

真言

阿形：ナマサマンダバ　サラナン　トラダリセイ　マカロシヤナキャナセ　サルバダタアギャタネン　クロソワカ

吽形：ナマサマンダバ　サラナン　ケイアビモキャ　マカハラセンダキャ　ナヤキンジラヤ　サマセ　サマセ　マナサンマラ　ソワカ

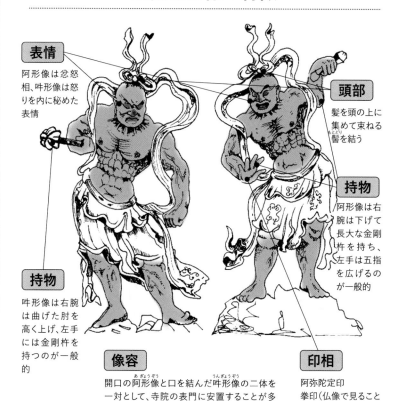

その他の神様⑥

牛頭天王

無病息災や厄除け、疫病除けの神

神仏習合（神道信仰と仏教信仰が融合して成立した信仰体系のひとつ）によって誕生した神の中でも代表的な存在です。

斧や宝珠を持ち、頭上に牛頭をいただく

牛頭天王《ごずてんのう》はもとはインドの祇園精舎《ぎおんしょうじゃ》（釈迦とその弟子のために建てられた寺院の名）の守護神であり、薬師如来の垂迹《すいじゃく》（如来・菩薩が衆生救済のために仮の姿で現れること）とされます。神道においては、日本古来の神である、素戔嗚《すさのお》尊と同体に当たると考えられています。

牛頭天王には延命、厄除けといった利益がありますが、これは「祇園牛頭天王御縁起」などに記された説に基づきます。

それによると、牛頭天王が妻をめとりに竜宮に出かけた旅の途中、将来という姓の兄弟に宿を求めたところ、裕福な弟・巨旦将来《こたんしょうらい》はすげなく断りましたが、貧乏な兄・蘇民将来《そみんしょうらい》は歓待し、牛頭天王は蘇民の親切に感謝し、すべての願いがかなう牛玉を与え、さらに後日、巨旦への恨みを晴らすべく、蘇民の子孫であることを示す茅の輪を掲げた家以外はすべて滅ぼしたとされます。神社で行なわれる夏越《なご》しの祓え＝茅の輪くぐり（茅で作った輪をくぐることで心身が清められ、無病息災や厄除け、家内安全の利益を得られるとされる神事）は、ここからきています。

祇園精舎の守り神であることから、京都祇園社（八坂神社）で祀られるようになったともいわれます。やがて八坂神社を中心に、疫病除けの神として、八王子・天王社などの名で全国各地に広まっていき、多くの信仰を集めました。ちなみに有名な京都祇園祭りは、平安時代に疫病が流行った際、牛頭天王を祀り、御霊会（疫神や死者の霊を鎮める祭）を行なったことが始まりとされます。

その姿は、一面二臂から多臂までさまざま見受けられますが、忿怒相で甲冑を身につけ、持物には斧や宝珠を持ち、頭上に牛頭をいただくことが多いようです。

牛頭天王像の特徴

像容
甲冑をつけ、頭頂に黄牛の面。三面十二臂の像もある
持物
斧や羂索(五色の糸をより合わせ、一端に環、他端に独鈷杵の半形をつけた武具。諸獣を捕らえるために用いられる)
表情
忿怒相が多い

梵字

牛頭天王

梵名　ガヴァグリーヴァ
別名　祇園天王、武塔天神、天王
経典　『仏説武塔天神王秘密心点如意陀尼経』など

真言

オン　ハラレイキャ　牛頭《ごず》　デイバ　誓願《せいがん》　随喜《ずいき》　延命《えんめい》　ソワカ

その他の神様⑦
金毘羅

金毘羅大権現として象頭山に鎮座する神

梵名を「クンビーラ」といい、それを音写したもの。もとはヒンズー教における、聖なる河・ガンジスに棲むワニを神格化した水の神でした。

修験者の法衣姿の大天狗として表されることも

金毘羅《こんぴら》は仏教に取り入れられてからは、古代インドにあった王舎城《おうしゃじょう》（釈迦と非常に関係が深い都城）の守護神になりました。

薬師十二神将の筆頭格である宮毘羅大将と同体ともされます。薬師十二神将とは、薬師如来の眷属で、衆生を守る十二の夜叉大将の総称です。薬師如来の十二の大願に応じ、それぞれが昼夜の十二の時、十二の月、十二の方向を守護するとされ、そのため各々に十二支が配され、干支の守り神としても信仰されています。

また、クンビーラはガンジス川をつかさどる女神・ガンガーの乗り物でもあったことや、金毘羅がインドから中国に伝わると、ワニに似た容貌であることから蛟竜（想像上の生き物。水中に棲み、竜になる手前の段階とされる）と漢訳されたことなどもあり、海上や航海を守る神にもなりました。

日本においては神仏習合により、金毘羅大権現として象頭山《ぞうずさん》（香川県琴平町にある）に鎮座する神となり、現在は琴平宮のご神体として祀られています。こちらがいわゆる「金毘羅さん」です。

江戸時代には金毘羅参りが盛んに行なわれ、それに伴い金毘羅街道も整備されました。

その姿はさまざまに表されますが、仏教では甲冑を身につけた武神像で、手には宝珠や武器を持つことが多く、神道では白衣を身につけ、手には御幣（割いた麻や切った神を、細長い木に挟んで垂らしたもの、お払いに使う）を持ち、髭をたくわえた姿が多いようです。また、修験道では、修験者の法衣をまとった大天狗として表されることもあります。

金毘羅像の特徴

像容

甲冑を身につけた武神像が一般的だが、修験系や神道系などによって異なり、多岐にわたる

持物

宝珠や武器など

梵字

金毘羅

梵名　「クンビーラ」
別名　宮比羅大将
経典　「薬師瑠璃光如来本願功徳経」など

真言

オン　クビラヤ　ソワカ

十大弟子

数多いる釈迦の弟子の中でも特に優れた十人の高弟

釈迦の弟子の中でも、特に優れていたとされる十人の高弟。それぞれに徳目（得意分野）があり、釈迦の持つ十の力を表しているともされます。

棟方志功の代表作「二菩薩釈迦十大弟子」

誰が十大弟子に入るかは経典により異なりますが、「維摩経弟子品」にならうと、出家順に徳目と名前、また各々の特徴は次のようになります。

「智慧第一」の舎利弗《しゃりほつ》。梵名は「サーリプッタ」といい、舎利子とも呼びます。学徳に優れており、仏や菩薩の説法の相手として、多くの経典に登場します。

「神通第一」の目連《もくれん》。梵名は「モッガラーナ」といい、神通力に優れていました。餓鬼道に堕ちた母を救うために目連が行なった供養がお盆（盂蘭盆会）の起源です。

「頭陀第一」の魔訶迦葉。梵名は「マハーカッサパ」といいます。頭陀とは欲を払い除け、仏道修行に励むことです。釈迦入滅後、教団を統率しました。

「解空第一」の須菩提《しゅぼだい》。梵名を「スブーティ」といい、釈迦の教えである「空」を誰よりも理解していました。

「説法第一」の富楼那《ふるな》。梵名を「プンナ」といい、弟子の中で最も弁舌に長け、説法を得意としていました。

「論議第一」の迦旃延《かせんねん》。梵名を「カッチャーヤナ」といい、釈迦の教えをわかりやすく説くことに優れていました。

「天眼第一」の阿那律《あなりつ》。梵名を「アヌルッダ」といいます。修行中に居眠りをしたため不眠の誓いを立て、やがて視力を失いましたが、かえって真理を見る目＝天眼を得ました。

「持律第一」の優波離《うぱり》。梵名を「ウパーリ」といい、もとは理髪師でしたが仏弟子となり、戒律を厳しく守りました。

「密行第一」の羅睺羅《らごら》。梵名を「ラーフラ」といい、釈迦の実子。不言実行で行なう密行をまっとうしました。

「多聞第一」の阿難陀《あなんだ》。梵名を「アーナンダ」といい、釈迦の従者を長く務め、釈迦の説法を誰よりも聞きました。

十大弟子

舎利弗《しゃりほつ》	サンスクリット語でサーリプッタ。舎利子とも書く。智慧第一。般若心経では仏の力を承けた観音菩薩の説法の相手、阿弥陀経では仏の説法相手として登場。
摩訶目犍連《まかもっけんれん》	サンスクリット語でモッガラ。略称「目連（もくれん）」。神通第一。目連が餓鬼道に落ちた母を救うために行なった供養が『盂蘭盆会』(うらぼんえ)の起源。
摩訶迦葉《まかかしょう》	サンスクリット語でマハーカッサパ(Mahākāśyapa)。大迦葉とも呼ばれる、頭陀第一。釈迦の死後、その教団を統率し、釈迦の教法を編集する座長を務める。
須菩提《しゅぼだい》	サンスクリット語でスブーティ。解空第一。金剛般若経等、空を説く大乗経典にしばしば登場。
富楼那弥多羅尼子《ふるなみたらにし》	サンスクリット語でプンナ。略称「富楼那」。説法第一。他の弟子より説法が優れていた。
摩訶迦旃延《まかかせんねん》	サンスクリット語でカッチャーヤナ。論議第一。辺地では5人の師しかいなくても、授戒する許可を仏から得た。
阿那律《あなりつ》	サンスクリット語でアヌルッダ。天眼第一。阿難とともに出家。仏の前で居眠りして叱責を受け、眠らぬ誓いをたて、真理を見る眼を得る。
優波離《うぱり》	サンスクリット語でウパーリ。持律第一。階級制度を否定する釈迦により、出家した順序にしたがって、貴族出身の比丘の兄弟子となる。
羅睺羅《らごら》	サンスクリット語でもラーフラ。密行第一。釈迦の長男。釈迦の帰郷に際し、出家。日本の仏教用語「羅子（らご）」の由来となる。
阿難陀《あなんだ》	サンスクリット語でもアーナンダ。阿難とも書く。多聞第一。釈迦の従弟。出家して以来、釈迦が死ぬまで25年間、釈迦の付き人となる。

その他の神様⑨

空海
（弘法大師）

真言密教を大成、「大師伝説」を各地に残す

空海は平安時代初期に活躍した僧であり、真言宗の開祖です。弘法大師の諱号（貴人の死後に奉る名）でも知られます。

青龍寺から密教の秘儀をすべて譲られる

空海は達筆でも有名で、嵯峨天皇、橘《たちばなの》逸勢《はやなり》と共に三筆のひとりとされます。俗名は佐伯眞魚《さえきまお》。

空海は、宝亀五年（七七四年）に讃岐国（現・香川県）で生まれました。幼いころより聡明で知られ、十八歳で大学（当時の官僚育成機関）に入りましたが、大学での勉学では満足できず、仏道を志して出家しました。唐に渡るまでの間の空海の足取りは不明な点が多いですが、この期間に、虚空蔵菩薩の項で紹介した「求聞持法《ぐもんじほう》」を室戸岬の洞窟で修し、口に明星（虚空蔵の化身）が飛び込んできたとも、また、その修行中、目にしていたのは空と海だけだったことから「空海」と名乗ったとも伝えられています。

そして延暦二十三年（八〇四年）に、遣唐使のひとりとして唐に渡りました。なお、この時の遣唐使には、最《さい》澄《ちょう》（天台宗の開祖・伝教大師）もいます。翌年、密教の正統を伝える青龍寺の恵果阿闍梨《けいかあじゃり》から、密教の秘儀をすべて譲られ、伝法勧請《でんぽうかんじょう》（阿闍梨という指導者の位を授ける儀式）を受け、「遍照金剛《へんしょうこんごう》」の灌頂名を与えられました。この灌頂名は後世、空海を尊崇する宝号（念仏）＝「南無大師遍照金剛」となりました。

帰国後は高野山金剛峰寺を創設し、さらに京都の教王護国寺（東寺）を嵯峨天皇から賜り、布教に努めて真言密教を大成しました。また空海は、溜め池（香川県にある満濃池など）や庶民のための学校（綜芸種智院）を造るなど、社会・文化事業にも熱心で、朝廷だけでなく一般庶民からも篤く尊敬され、それが各地に残る「大師伝説」となり、やがて空海自身が信仰の対象になりました。

空海は六十二歳で入定しましたが、現在も高野山・奥の院で瞑想を続け、弥勒菩薩と共に下生《げしょう》するとされます。

弘法大師像の特徴

像容
牀座《しょうざ》に座り、下には水瓶と木靴が置かれているものが多い
右手に五鈷杵、左手に数珠

五鈷杵

金剛杵《こんごうしょ》の一つで、杵の形をした中央を握り、両端に鈷の鋭さによって煩悩を打ち破るための法具

弘法大師

幼名	真魚
法名	空海
法号	遍照金剛《へんじょうこんごう》
尊称	弘法大師、空海上人、お大師さん、お大師様
宗派	真言宗
寺院	高野山金剛峯寺・東寺ほか多数

真言

南無《なむ》大師《だいし》遍照金剛《へんじょうこんごう》

その他の神様⑩
達磨大師
中国禅宗の開祖
正しくは菩提達磨《ぼだいだるま》といい、梵名の「ボーディダルマ」を音写したもので、「ボーディ」（菩提）は「仏の悟りの境地」を、「ダルマ」（達磨）は「法」を意味します。

「面壁九年」のときの姿が達磨像に

達磨大師の「大師」は「偉大なる師」という意で、仏や高僧につける敬称です。

達磨大師にまつわる逸話は数多く残されていますが、歴史的な確証には乏しく、その真実性については少なからず疑問視されています。ただ、五〜六世紀の南インド、もしくはペルシア地方出身とされる実在の人物であったことは確かなようで、中国禅宗の開祖です。

達磨大師は禅の教えを広めるべく中国に入り、当時、南北朝に分かれていた南朝を治める梁の武帝と謁見したとされます。武帝は仏教を篤く信仰していたので、天竺《てんじく》（インド）からきた高僧・達磨を喜んで迎え、さまざまに問答しましたが、武帝は達磨の答えをよしとせず、達磨も縁がなかったと思い、北朝を治める北魏に向かいました。のちに武帝は後悔し、達磨を呼び戻そうとしましたが、ついにかなわなかったといいます。

一方、達磨は北魏で禅の布教に努めましたが、その教えを人々が受容するには時期尚早と知り、少林寺にこもって、九年の間、壁に向かって座禅を組み続けました。これを「面壁九年」といい、この時の姿を絵や像にしたものが、現在よく見られる達磨像です。赤い衣で身体をすっぽり覆い、太い眉と濃い髭、そして大きな目をしたこの姿は、禅の教えにかける達磨の不屈の精神を表しています。当然ながら禅宗では達磨を崇敬しており、達磨を「祖師」と呼ぶこともあります。

また、面壁九年の座禅によって手足が腐ってなくなったという伝説も広まり、そこから起き上がり小法師の形となって、縁起物の「ダルマ」が生まれました。

達磨大師像の特徴

眉を吊り上げ、両眼を
見開き、固く結ぶ口元
など厳しい表情
像容
座禅を組む坐像。袈
裟を頭まで被っている
姿が多い
印相
禅定印
指を伸ばした左掌の上に、右手を重ねておき、左右の
親指の指先をつける。左右逆の場合もある

達磨大師

梵名　ボーディダルマ
別名　菩提達磨、達磨、達磨祖師

真言

Column 下ヨシ子が霊視した地獄とは

あの世は上から仏界、菩薩《ぼさつ》界、縁覚《えんがく》界、声聞《しょうもん》界、天界、人界、修羅《しゅら》界、畜生《ちくしょう》界、餓鬼《がき》界、地獄界と十の世界が縦に並んでおり、下に向かうほど幅は狭くなっています。全体としては、長細くて巨大なすり鉢に近い形です。

一般に地獄と呼ばれるのは、前述した人界以下の世界の総称で、八大地獄と呼ばれる通り、地獄界はその中でさらに八層（等活《とうかつ》地獄、黒縄《こくじょう》地獄、衆合《しゅごう》地獄、叫喚《きょうかん》地獄、大叫喚地獄、焦熱《しょうねつ》地獄、大焦熱地獄、阿鼻《あび》地獄）に分かれています。　そのいずれに行くかを決めるのも、やはり自分自身です。

地獄では閻魔《えんま》大王様が待っていて、生前の行いすべてを映し出す浄玻璃《じょうはり》の鏡を使って死者を裁《さば》いたり、嘘つきは舌を抜かれるなどといわれますが、実際には、そのようなことはありません。閻魔様は、混乱したり煩悶《はんもん》している魂に助言を与えはするものの、基本的には見守っているだけです。

また、魂が自分の行くべき世界を決めたなら、「こちらですよ」と連れて行ってもくださいます。閻魔様は地獄の裁判官ではなく、地獄で右往左往している魂を優しく導く教官やガイドのような、ありがたい存在なのです。

第3章

神様を味方につける九カ条

神様がいつもそばにおられると
認識すれば、自然と
正しい行動や考えをとるでしょう。

神様の存在

①目に見えないものの存在を理解する

神様を味方につけることで、人生は驚くほど好転します。なぜなら、それは私自身が経験として実感しているから。ここではまずは神様の存在について、お話しましょう。

神様は唯一の存在

人間は目に見えないものに対して、悲しいまでに鈍感です。「去る者は日々に疎《うと》し」のたとえ通り、ご供養《くよう》を怠《おこた》ったり、エゴから己《おのれ》の魂《たましい》を穢《けが》してしまったりと、神様やご先祖様の怒りを買う振る舞いをしがちです。本人に問題がなくとも、周囲の悪意や先祖代々の因縁《いんねん》によって、また家などの環境によって、問題が生じることもよくあります。

いきなり魂といった言葉が出てきて驚かれた人もいるでしょう。脅《おど》かすつもりはありませんが、「目に見えないものの存在」の影響を受けていない人は、ひとりもいないといっても過言ではないのです。

神様や霊、そして魂といった「目に見えないものの存在」への理解を深めることが、神様を味方につける第一歩なのです。

そこで、まずは神様についてお話ししていきましょう。

神様とは宇宙の根源であり、現世はもとより、あの世も含めたすべての世界の主導者です。そしてまた、唯一の存在です。

宗教によって奉じる神様は異なりますが、示すところはただひとつであると私は確信しています。母親にたとえてみるとわかりやすいでしょう。「お母さん」「おふくろ」「ママ」「マザー」など、さまざまに呼びますが、いずれも命を産み育てる偉大で優しい存在の呼び名です。神様もそれと同じなのだと考えています。

とはいえ、一神教を肯定し、多神教を否定するわけではありません。神様は必要に応じて姿を変えられ、また姿ごとに異なる役割や力を持って、私たちを導いてくださいます。

矛盾《むじゅん》しているようですが、神様はただひとつであり、同時に無数におられるのです。

目に見えないものは意外と多い

神様のご意志

②神様によって、生かされている存在

あなたにとって神様は、願いを叶えてくれるもの、自分自身を諌《いさ》める存在、運命を司るものなど、いろいろ解釈できます。神様と自分自身の関係を見ていきましょう。

答えは「魂」が握っている

神様というと「信じる、信じない」の話になりがちですが、そんなことは論ずるに値する問題ではありません。あなたが神様を信じようが信じまいが、正直なところ、どちらでもいいのです。

大切なのは、「あなた自身が神様に信じてもらえる人間であるかどうか」だからです。

私たち人間は、その人生も肉体も、神様から与えられ、「生かされている存在」なのです。自分を生かしてくださっている神様に見限られて、どうして幸せになれるでしょうか。

「自分は自分の意志で生きている」と、反発を覚えた人もいるかもしれません。しかし、いつ、どこで、どんな両親のもとに産まれてくるのか、性別は男女どちらなのか、体つきや顔つきの特徴はどんなものかなど、生きていくうえで重要な事柄のほとんどを、私たちは自分で選ぶことはできません。長じてからも、自分の希望や力とは無関係に物事が進んだり終わったり、人との出会いや別れも経験します。そして、いかに避けようとしても、誰にも必ず死が訪れます。

このように、人が生まれてから死ぬまでの間の流れは、ある程度、すでに決まっているのです。その流れこそが運命であり、流れを決められるのは、宇宙の根源である神様をおいてほかにはいません。

すべては神様のご意志によるものなのです。その神様にそっぽを向かれてしまったら、まさに元も子もないというもの。神様に信じてもらえる人間になることこそが、幸せに生きるための秘訣なのです。

では、どうすれば神様に信じてもらえるのでしょうか？

その答えは「魂《たましい》」が握っています。

霊は魂と同義

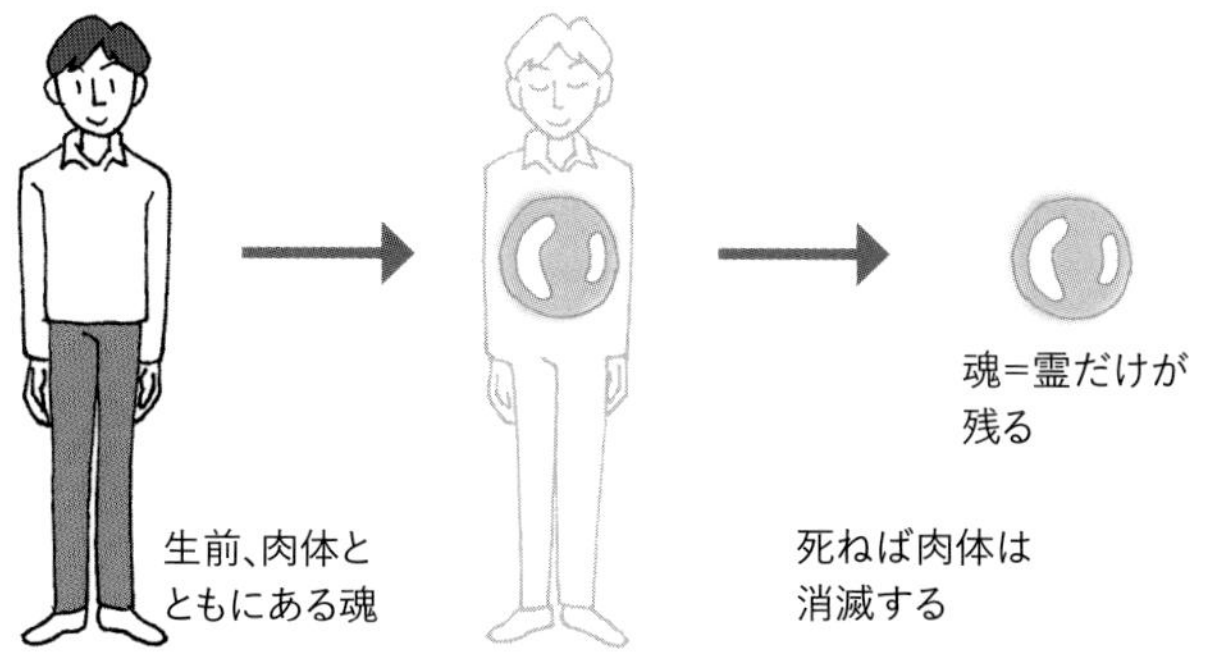
魂＝霊だけが
残る
生前、肉体と
ともにある魂
死ねば肉体は
消滅する

プラスとマイナスの違い

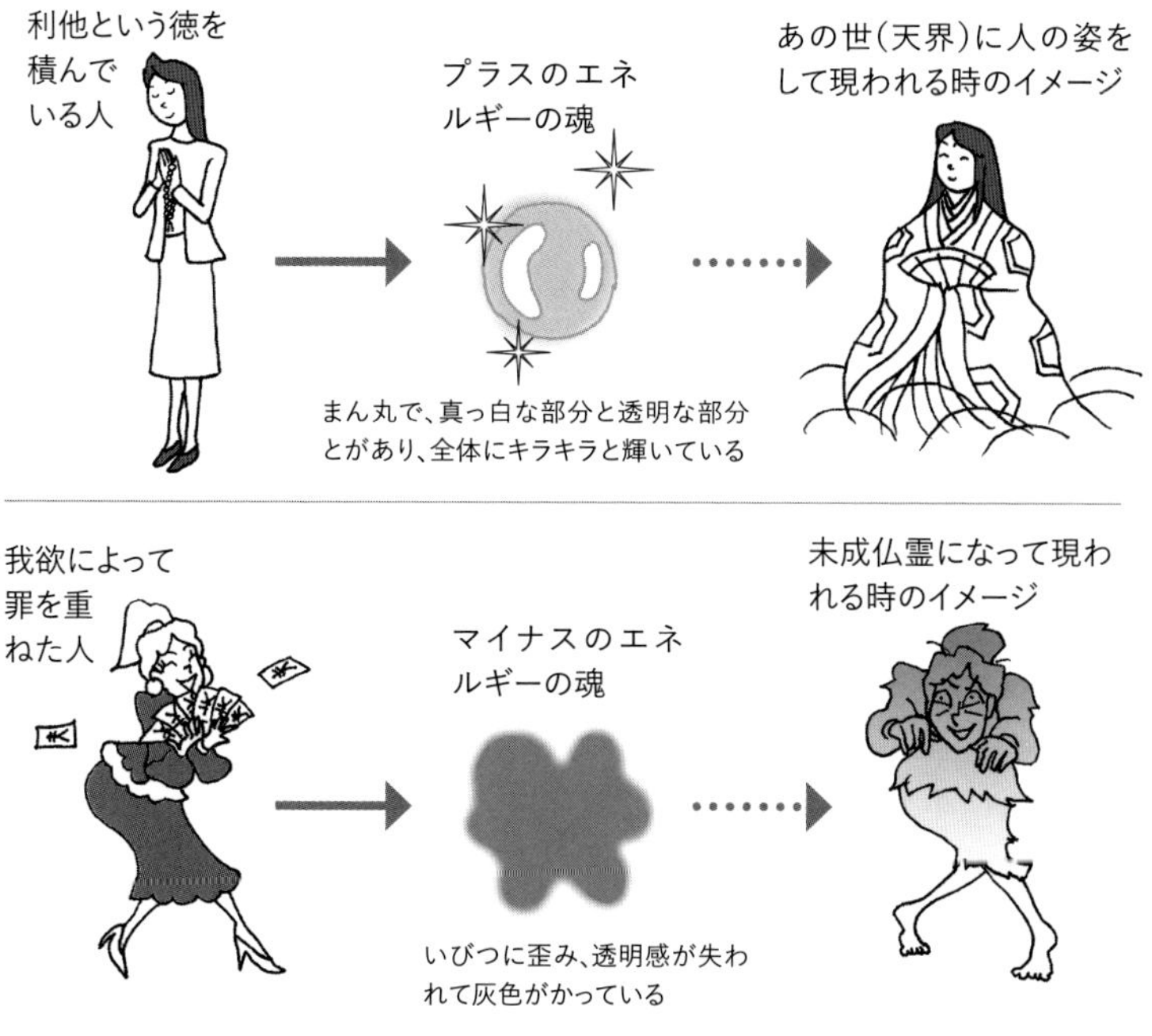
利他という徳を
積んで
いる人
プラスのエネ
ルギーの魂
あの世（天界）に人の姿を
して現われる時のイメージ
まん丸で、真っ白な部分と透明な部分
とがあり、全体にキラキラと輝いている
我欲によって
罪を重
ねた人
マイナスのエネ
ルギーの魂
未成仏霊になって現わ
れる時のイメージ
いびつに歪み、透明感が失わ
れて灰色がかっている

③魂のレベルを上げる

魂とは何かということについては諸説ありますが、決して消滅することのないエネルギーの塊《かたまり》と考えればいいでしょう。

神様と一体化する

もしかすると、あなたは「人は死んだらおしまいだ」と思っているかもしれません。しかし、「おしまい」になるのは肉体だけで、魂は永遠に不滅です。

すべての魂は、あるひとつの目的を成し遂げるためにあります。その目的とは、究極まで己《おのれ》自身を磨き上げ、神様と一体になることです。つまり、完全な悟《さと》りの境地に達すること。そして何ものにも冒《おか》されない絶対的で、永久的な幸福を手にするのです。

むろん易々《やすやす》といくはずはなく、何度も生まれ変わり、死に変わりして、じわじわと魂のレベルアップを図っていきます。

この魂のレベルのことを「境涯《きょうがい》」と呼びます。「境涯」と「境遇」はよく似た言葉ですが、「境遇」は自分の立場や自分を取り巻く環境といった、いわゆる「身の上」のことです。

人は境遇がよくなることこそが幸せだと考えがちですが、それは大きな間違いです。恵まれた境遇にいれば、それはそれで「まだ足りない」と不満をもらし、自分は不幸だと嘆《なげ》き続けるものです。今の境遇を守るために、利己的にもなります。そうして自分で自分を貶《おとし》めていくのです。神様があきれ果てることはいうまでもないでしょう。

一方、魂のレベルである「境涯」が高ければ、それだけ神様に近いわけですから、自《おの》ずと清貧かつ高邁《こうまい》になるというもの。内面が満たされているゆえ、恵まれない境遇にあっても幸福感に包まれて生きていけます。

神様の信頼を得られるか否《いな》か、つまりは本当の幸せをつかめるか否かは、境遇ではなく、境涯にかかっているのです。そしてこの世に生きていくことも、そして死んでからもあの世において、魂のレベルを上げるための修行を行なっているのです。

境遇と境涯の違い

境遇

自分を取り巻いている環境や自分が置かれた立場、身の上。

境涯

自分の心のありよう、魂のレベルに合ったランク。魂はむき出しのため、その境涯のレベルに合った感情や思考になる。

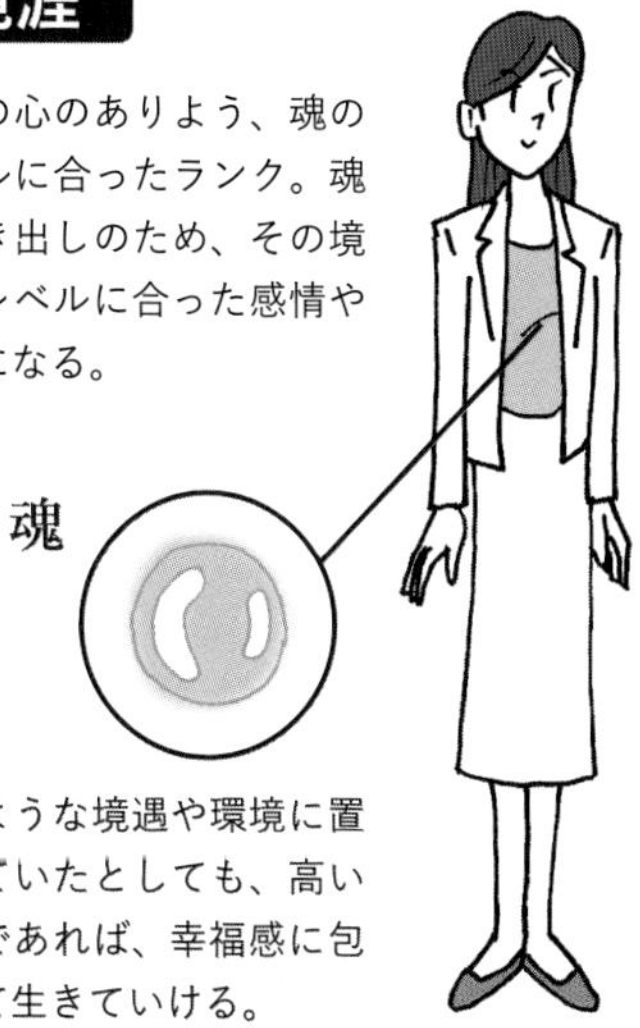

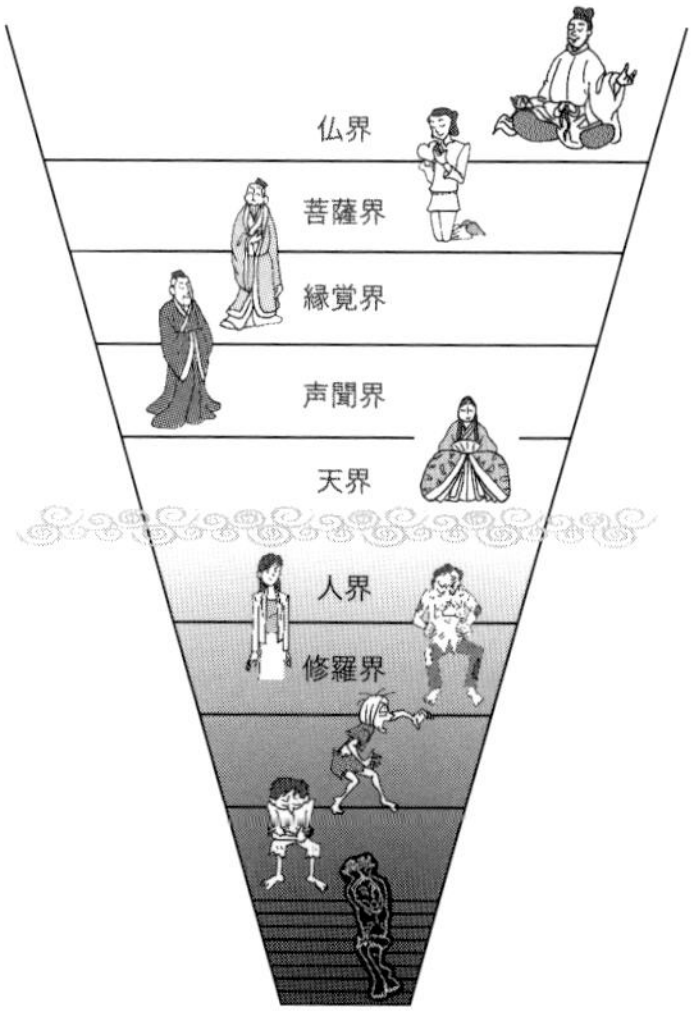

どのような境遇や環境に置かれていたとしても、高い境涯であれば、幸福感に包まれて生きていける。

④この世は修行の場と考える

前項では境涯について話しましたが、ただ最初から高い境涯にある人はほとんどいません。だからこそ、魂のレベルを高めていくことが必要となります。

あえてイバラの道を行く

前項でお話ししたように、この世は修行の場です。事実、生きていれば安穏《あんのん》とした時間より、苦痛に耐える時間のほうが長いもの。「幸せ！」と喜びをかみしめる瞬間もありますが、まさに瞬間の出来事にすぎず、すぐにまた新たな苦しみが始まることは、あなた自身もご存じでしょう。

そもそも、神様が与えてくださる修行内容は、誰もに等しく、楽より苦のほうがずっと多いものになっています。苦こそが魂を磨く最高の研磨剤だからです。同時に、苦を乗り越えようと励んでいるかどうかを、神様は常に見ていらっしゃいます。

そう、困難が大きければ大きいほど、神様に信じてもらえる絶好の機会なのです。

苦に苦が続くのは、不運なのではなく幸運なことであり、むしろ自《みずか》らイバラの道を選ぶぐらいがちょうどいいと思ってください。人が嫌がることは進んで引き受け、よいことは進んで人に譲る、そんな心構えでいけば、その先では神様が微笑《ほほえ》んで待っておられます。そのうえいやでも打たれ強くなりますから、その後の人生も怖いものなしです。

逆に、楽なほう楽なほうへと進んでいけば、待っているのは神罰です。うまくいったとしても、難題にぶつかったり、アクシデントに見舞われて、「振り出しに戻る」を繰り返すか、再スタートすらできないような悲惨な状況になるのがオチです。神様は誰もに平等であり、平等だからこそ大変に厳格なのです。人生をサボる人間に容《よう》赦《しゃ》はありません。

神様は懸命に頑張る者を決してお見捨てになりません。必要とあらば、いつでも救いの手を差し伸べてくださいますよ。

岐路に立った時こそ、
厳しい道を選択する

困難が大きければ大きいほど、魂を磨くチャンスです。
そうしたチャンスに出会えたことに感謝し、意欲を見せるべき。
失敗しても学習することができますし、
達成したら大きな自信にもなります。
挑戦することに損はありません。

人を傷つけない

⑤痛みを知る

私たちは誰かをどこかで傷つけているものです。だからこそ、「傷つけまい」と常に意識していくことが重要です。その気持ちは自ずと反省や懺悔《ざんげ》をもたらします。

相手に与えたマイナスは返ってくる

自分が苦手な人、どうにも好きになれない人にこそ注意を払い、大事にしていくことが重要です。好きな人には好意的になりますし、うっかり失言したり、ワガママに振る舞ってしまっても、相手も好意的に受け止めてくれますので、それほど身構えることはありません。

たとえば、「それ、似合わないよ」と好きな人からいわれた場合と、嫌いな人からいわれた場合を想像してみてください。前者は「アドバイス」に、後者は「悪口」になるでしょう。同じ言動でも、相手によって受け止め方が違うことを忘れてはいけません。また、自分が相手を大事にすれば、相手も自分を大事にしてくれるようになりますから、自然と親しくなっていき、傷つけてしまう可能性が高い人自体が減っていきます。

さらに注目してほしいのは、傷つけられた本人のショックがどれほどのものであろうとも、霊的に見れば、その傷は服に鉤裂《かぎざ》きができた程度であり、傷を与えた人のほうが重傷を負うということです。相手に与えたマイナスは、まるでブーメランのように自分に戻ってきて、魂を傷つけるのです。

相手を故意に傷つけたならなおのこと。魂はひどい痛手を被《こうむ》るうえ、境涯は何ランクもダウンします。「人を呪わば穴ふたつ」といいますが、人を傷つければ穴ひとつ、そして穴に落ちるのは自分自身なのです。

自分が人に傷つけられた場合は、嘘でも強がりでもいいですから、「痛みを知ることができました、ありがとう」と相手に感謝してください。仕返しをすれば、互いの傷が深くなるだけです。

それに、痛みを知っている人は強くなりますし、優しくもなれます。結果として人を傷つけることもなくなっていく、つまり自分自身を守ることができるのです。

言葉は癒しにも暴力にもなる

最近の SNS での誹謗中傷など言葉による暴力によって、
命まで落とす事件が続いています。
言葉が癒しにも暴力にもなります。
ネットの普及により、そうした言葉の届く範囲や威力は知らない人、
交流のない人にまで及びようになりました。
自分の魂のレベルを上げるためにも、
多くの人の癒しになるような正しい言葉を発しましょう。

いい格好しいになる

⑥物心ともに人に尽くす

「人を傷つけないこと」はある意味で消極策であり、「人に尽くすこと」は積極策です。やり方は簡単。他人の幸せを願えばいいのです。

神様と魂は知っている

人に尽くすことは、心だけでは相手に伝わりません。心を形にして表すことがポイントです。たとえば、何もせずにひっそりと成功や無事を祈るだけで心が伝わるでしょうか。そもそも、それで本当に相手の幸せを願っているといえるでしょうか。

もちろん神様はすべてお見通しです。また、頭の中の考えがどうであれ、どこまでも真っ正直な魂は、自分のしたことはどういうことなのかを知っています。魂は自らを恥じて、「やり直さなければ」と進んで境涯を下げるでしょう。

気持ちは、時間や労力、金品などの「形」にして相手に与えてこそ、はじめて伝わるのです。最初は「神様や周囲にいいところを見せるぞ」という見栄の気持ちからでかまいませんから、「いい格好しい」になって、頼ってくる人や困っている人に、自分の持っているものをサッと差し出してください。「ありがとう」「助かった」の言葉が返ってくるたびに、魂はキュッキュッと磨かれていきます。

ただの格好つけだったのも、次第に生まれつきの資質のごとくになり、人に尽くさないと自分自身が落ち着かなくなって、魂はますます輝きを増していくことでしょう。

ただ、「ありがとう」の言葉すら返ってこなかったり、偽善者と呼ばれることもあるかもしれません。しかし、善を為した事実は動かず、周囲の反応がどのようなものであろうとも、神様はちゃんと評価してくださいます。

物心ともに人に尽くしていくことは、確かに大変です。でも「情けは人のためならず」の言葉通り、自分自身がやがて必ず助かります。私自身も、この「物心ともに人に尽くす」で救われたのですから、絶対です。

贈り物のやりとりは
モノだけでなく、心も

相手に物を贈る時には、選ぶ、購入する、
届けるとその人への思いが行動に変化します。
その都度、何が喜ぶか、いくらにするか、どの時間帯がいいかなど、
相手の立場になって考えます。
これが利他の徳です。あなたの魂のレベルも上がりますよ。

⑦目に見えないものに、見える奉仕をする

他人に尽くすことは何も現世に生きる人たちだけではありません。神様、ご先祖様に尽くすことも境涯のランクを上げるためにとても重要なことです。

真心をもって尽くす

神様や霊といった目に見えないものに、形ある奉仕ができるかどうかで、境涯にはかなりの差が出ます。特に神様への感謝、ご先祖様や他仏《たぼとけ》へのご供養のために尽くす人は、神様から何かと目をかけてもらえるようになります。

とはいえ、神様は金額の多寡《たか》や供物《くもつ》のよし悪しで人を判断するわけではありません。その人が真心を尽くしているのかどうかを見ていらっしゃるのです。

実際、億万長者が一万円を寄進するのと、年金暮らしの方が一万円を寄進するのでは、額は同じであっても、そこに込められた想いや価値は全然違うでしょう？　当然、神様がより喜ばれるのは、後者の年金暮らしの方の振る舞いです。

また、神社仏閣に参拝に行った際は、レジャー気分ではしゃいだりせず、礼儀正しく、慎《つつし》み深い言動を崩さないことはもちろん、目についたゴミがあれば拾うなど、常識の範囲内で神様に対してできることをしましょう。

お墓参りや自宅でのご供養も同様です。家の宗派に則《のっと》って、丁寧《ていねい》に行なってください。法事の費用を惜しむなどは言語道断ですよ。

人は目に見えるものばかりを尊《とうと》び、目に見えないものに対しては、「この程度でいいや」とか「どうせ、わかりはしない」とズルさやケチさが出やすいものです。しかし、神様も霊も間違いなく存在しており、人がどんな対応をするのかも常に見ています。

神様や霊には、あなたが見えているということを胸に刻んでおいてください。そして、「見えないのだから適当に済ませよう」ではなく、「見えないからこそ精一杯のことをしよう」に、考えを改めてください。そうすれば目に見えない魂も自然と磨かれ、輝きを帯びてきますよ。

先祖供養とタブー

先祖供養の意義

× **素人判断をして適当なやり方でお経をあげない**
→ 仏壇が穢れる。また未成仏霊が救ってくれると思い、頼ってくる

× **夜にお経をあげたり、仏壇の掃除をしない**
→ 夜は未成仏霊が活発に動く時なので、頼って近づいてくる

× **ご先祖様に祈願をする**
→ ご先祖様は修行の身のため、子孫の願いはかなえられない。
お願いごとは神様に

⑧愚痴や不平不満を口にしない

そもそも「愚」は「おろか」で、「痴」は「たわけ」の意です。
いかに愚痴が、馬鹿らしく無益なものであるか、漢字を見てもわかります。

愚痴は神様にだけいう

愚痴《ぐち》や不平不満は魂を穢《けが》し、神様の不興《ふきょう》も買うものです。愚痴をひとつこぼせば魂は曇り、もうひとつ愚痴をこぼせばその曇りはさらに広がり、魂は劣化していきます。

だいたい、愚痴や不平不満をいったところで、それをもたらした原因が解決するわけでもありません。

では、愚痴や不平不満は何から生まれるのでしょうか。もちろん、悩みからです。しかし、悩みからは愚痴ではなく、「反省」と「意欲」も生まれるのです。

悩みを目の前に立ちはだかる壁と考えてみてください。ちょっとやそっとでは、その壁は乗り越えることはできません。どうしようかと思いあぐね、「こんな壁があるのがいけない」「どうせ自分には無理」と、壁に悪態をついたり、壁の前でふてくされるのが「愚痴」「不平不満」です。

「どうして壁があるのだろう」「こうすれば壁を乗り越えられるかもしれない」と、壁がある理由をよく考えてみたり、壁に真正面から挑んでいくのが「反省」であり「意欲」です。どちらが魂を高めるか、神様に助けてもらえるかはいうまでもないでしょう。

とはいえ、愚痴をこぼさずにはいられない時もあるでしょう。

いちばんいいのは神様に愚痴ることです。不思議と気持ちが落ち着き、また整理されていき、ぶつくさいっている自分が恥ずかしくなったり、自分にも非があったと気づいたりして反省が生まれます。

最後には「相手を悪く思った自分をお許しください」とか「もっと強い人間になれますよう、お導きください」という懺悔《ざんげ》や改心の念でいっぱいになり、愚痴など消えてなくなります。

神聖な場所で心の邪気も祓う

神社仏閣は神様が宿る空間です。
愚痴や不平不満があるのなら、ぜひ神社仏閣に訪れて、
手を合わせながら、気持ちを吐露することをおすすめします。
清らかな空間だからこそ、心もスゥーと軽くなるはずです。
そういった負のエネルギーを体内に溜めておくと、
厄がつき、悪心を育ててしまいかねませんよ。
ただ、神社仏閣へお参りする際は作法はきちんと守りましょう。

⑨倫理に反さない

五悪とは?

倫理とは社会生活を送るうえでの一般的な決まりごとで、道徳やモラルのこと。人間社会の約束事を守らないと、やはり魂は穢れていきます。

不倫は「五悪」のひとつ

仏教において、「殺生」「偸盗《ちゅうとう》」「邪淫」「妄語」「飲《おん》酒《じゅ》」の五つの行為は「五悪」と呼び、行なわないよう戒《いまし》めています。

殺生や偸盗については解説不要でしょう。邪婬とは妻または夫以外のものと性関係を持つこと、また道徳・倫理に反した性行為のことです。つまり、不倫や性犯罪のことです。

不倫は現代の法律上では罪にはなりませんが、魂を貶《おとし》め、神様に嫌われる行為です。結婚は本人同士の意志に基づくものですが、神様が認めた絆《きずな》があってこそ成り立つものだからです。

神様は「不倫はめぐる」ともおっしゃいます。略奪愛に成功しても、今度は自分が裏切られる可能性が高いのです。決定的な別離を迎えることはなくても、「この人はまた不倫をするのでは？」とか「最近、どうも様子がおかしい」などと相手を疑い、心が休まることはないでしょう。

そもそも奪う愛には、貪欲や情欲といった醜《みにく》い欲望と、嫉妬や執念といった浅ましさしかありません。どれほど魂が穢れるか、わからないほどです。事実、霊視をすると、不倫をしている人が発するオーラはどうしようもなく淀《よど》んでいるので、すぐにわかります。

不倫によって手に入れられるものは、脆弱《ぜいじゃく》な絆と穢れた魂、そして神罰以外にありません。どうしたって幸せにはなれないのです。むろん不幸せになるのは自分だけでなく、相手も同じです。相手のことを心底愛しているのなら、不倫に走らないのが当たり前、というか、走りたくても走れないのが本当です。愛とエゴを取り違えてはいけません。

五悪と十悪

「五悪」

五戒から不をとったものを「五悪」といいます。

殺生《せっしょう》	生き物を故意に殺すこと。仏教ではもっとも重い罪の一つ。人に限らず、動物や小さな虫の命を奪うことも含まれます。
偸盗《ちゅうとう》	盗むこと。与えられていないものを自分のものとすること。
邪婬《じゃいん》	妻または夫以外のものと性関係をもつこと。また道徳・倫理に反した性行為。
妄語《もうご》	嘘をつくこと。仏典においては、殺生に次いで重要な罪と考えられています。その理由として、嘘をつく人は恥を知らず、そのために多くの誤りを犯す可能性があり、またその不誠実さは真理を見つけるという仏教の理想に反するためといわれています。
飲酒《おんじゅ》	酒を飲むこと。近年は酒類に加えて麻薬など、人を陶酔させるもの全般を指して説かれることもあります。

「十悪」

十善戒の各項目から不を取ったものが十悪で、人の行為から三種類に分類できます。

身による悪	
殺生	生きものの生命を奪う。
偸盗	与えられていない他人の財物を取る＝盗み。
邪婬	よこしまな男女の交わり。
口による悪	
妄語	嘘をつく。でたらめを言う。
綺語	無意味、無益なことを言う。
悪口	他人を傷つける言葉。陰口、中傷。
両舌	他人の仲を裂く言葉。
意（心）による悪	
慳貪	財物などをむさぼり求める。異常な欲。
瞋恚	いかり憎む。
邪見	誤った見解。

Column 神様たちが住む世界とは？

十界の中で本書で紹介した神様たちが住む世界は、仏界と菩薩界です。

十界の頂点「仏界」は、圧倒的な神々《こうごう》しさに包まれた世界であり、大日如来《だいにちにょらい》様をはじめとする如来様がおられます。この世界には、ほんの数えるほどの魂しかありません。それも道理です。仏界に入るとは神様と一体になることであり、魂の最終にして最難関の目的だからです。

「菩薩界」は、名前の通り、観音菩薩様や文殊《もんじゅ》菩薩様、普賢《ふげん》菩薩様など、あまたの菩薩様がおられる世界です。あの世で菩薩界にある魂は、菩薩様から直接、教えを受けたり、六道で苦しむ人々の救済に励まれる菩薩様のお手伝いをしたりします。

「縁覚界」は、自発的に精進《しょうじん》していく世界です。意欲以外の欲が完全にない状態であり、優れた才能を発揮します。「声聞界」は神様の「声」を「聞」きながら、真理を学んでいく世界です。

特別収録

六字明王研究

※本章は六水院二十周年を機に「六字明王の考察」をまとめたものを
一部抜粋して掲載したものです。

PLOFILE

吉田 裕昭（よしだ・ゆうしょう）

高福寺住職。

1970 年宮城県石巻市生まれ。

獣医の父を持つ。祖父の寺を継ぐため、駒沢短期大学仏教科卒業後、大正大学仏教学科編入、卒業。大本山永平寺にて修行。

下ヨシ子管長には真言密教・修験道の極意を惜しみなく教えていただくなど、今も宗派を超えた親睦が続いている。

まえがきにかえて

六字明王尊の起源を追う

六字明王は平安後期の仏尊です。しかし、秘仏中の秘仏ということもあり、資料をあえて残されなかったことが推測されます。私も六字明王についての資料を断片的にしか所有しておらず、しかもその出自や詳細は不明でした。当然、起源が表されている書物が見当たらず、インターネットなどの記事においても正確性に欠けた情報が乱立していました。

そんなある日、六水院の下ヨシ子管長から連絡があり、「チベットに六字明王の真言があるらしいですね？」というお話を受けました。

それにより、私はますます混乱の一途をたどっていました。しかし、ある方から「六字明王の起源をまとめてみたらどうですか？」とのすすめもあり、下ヨシ子管長のお許しをいただき、早速編纂に取り組みました。

まとめるにあたって中心となった資料として、「日本中世仏教史料論」上川通夫（愛知県立大学文学部教授）と、「六字明王の出現」東京国立博物館研究誌533号・津田徹英（神奈川県立金沢文庫学芸員）の二冊においては、当時の貴族のメモや、行事の記録、関係者の人名を辿るなどの手法により根拠が示され、六字明王の起源を解明していることを知りました。

津田徹英氏の文献については生前、香川県の六字明王像を管理する美渓山行徳院第25世住職の河西孝典師からいただいていたものです。「六字明王尊についての資料があれば教えていただきたいのですが」とお願いしたところ、河西ご住職は快く、仁和寺にある文献などを写したものを郵送してくださいました。今回の資料編纂が完成したのは、亡き河西ご住職のおかげです。

二〇一九年末に六水院本院において六字如来坐像が奉納・開眼供養がなされました。私も随喜させていただきましたこと、大変感謝申し上げます。

六水院の下ヨシ子管長がチベットに六字大明呪《ろくじだいみょうしゅう》（オンマニパドメイウン）が存在していることを知り、その後、現在六水院に祀られている六字如来坐像を案出されました。

一方で、平安後期に範俊《はんしゅん》が、「仏説六字神呪王経《ぶっせつろくじしんじゅおうきょう》」の大字呪（オン　ギャーチー　ギャーチュー……）を知り、のちに六字明王像を案出されました。

このような経緯の符合が共通し、六字明王が明王でありながら、菩薩相を持ち、丁字立ちという衆生を救う姿から、下管長によって如来（仏の完成）に進められ、衆生を迎える（坐像）姿に顕されたことは必然の理《ことわり》を感じます。

さらに、六字明王真言を唱えれば、魂を守る効能がある根拠を示すものとなり、六字如来真言（六字大明呪）は魂の内側からの浄化を促すものであるので、両方の真言は成仏を目指すうえで大切な真言であることがうかがわれます。

六水院が二十年の節目となられる今、「六字明王の起源」と、「六字大明呪（オンマニパドメイウン）の起源」について簡単ですが、ここにまとめました。六字如来を案出された下ヨシ子管長と六水院教師の方々の共有意識がさらに高まっていくことを願っています。

『仏《ぶっ》説《せつ》六《ろく》字《じ》神《しん》咒《じゅ》王《おう》経《きょう》』（六字明王真言）の謎

中尊寺に奉納された装飾経

六字明王真言

「唵 佉智 佉住 佉毘智 緘壽　緘壽 多智婆智 沙婆呵」

（オン　ギャチ　ギャチュ　ギャビチ　カンジュ　カンジュ　タチバチ　ソワカ）

この六字明王真言はどのような文献に記されているのでしょうか。まずはその文献を探るとともに、六字明王真言の成り立ちについて見ていきたいと思います。

六字明王真言は『仏説六字神咒王経』に記されています。

インドより伝わった仏教聖典である**三蔵**※（経・律・論）を著わした一切経（**大蔵経**※）が、西暦一四八年に中国で初めて漢訳されました。五千四百巻以上で成り立つ経典ですが、この中に『仏説六字神咒王経』が表されています。なお、『仏説六字神咒王経』の異訳本としては、『仏説六字呪王経』『六字大陀羅尼経』があります。

一切経（大蔵経）が日本へ伝わったのは九八八年といわれていますが、『仏説六字呪王経』一巻のみは七五二年に書写され、日本に伝わっていました。

※**三蔵**（さんぞう）　仏教における経蔵・律蔵・論蔵の三つのことであり、仏教の典籍を総称したもの。
律蔵（ヴィナヤピタカ）＝僧伽（僧団）規則・道徳・生活様相などをまとめたもの。
経蔵（スッタピタカ）＝釈迦の説いたとされる教えをまとめたもの。
論蔵（アビダンマピタカ）＝上記の注釈、解釈などを集めたもの。

※**大蔵経**（だいぞうきょう）　ブッダの死後、ブッダが説いた教えを、その弟子たちが手分けをして整理をたが、それを文章化したものを仏典や経典という。それら仏典や経典、さらにそれらを解釈した論書などを集大成した叢書を「大蔵経」または「一切経」という。
大蔵経を大別すると、次の三種類がある。
「パーリ大蔵経」
「チベット大蔵経」
「漢訳大蔵経」
そして上座部仏教では「パーリ大蔵経」、チベット仏教では「チベット大蔵経」、大乗仏教では「漢訳大蔵経」が用いられている。

平安時代後期の武将で奥州藤原氏初代当主である藤原清衡《きよひら》（一〇五六〜一一二八年）のころより作成された「紺紙金銀字交書一切経」は、**奥州藤原氏**※三代にわたって**中尊寺**※に奉納された装飾経です。

一一一七〜一一二六年の九年間かけて完成した「紺紙金銀字交書一切経」は紺色紙に金字と銀字が一行ごとに書写されています。それを写経するには約九万枚の紙と、墨の代わりに用いる金と銀が必要であり、莫大な予算と時間と人手が必要であった大事業であったと思われます。

現存しているのは**高野山金剛峯寺**※に四二六九巻、中尊寺に十五巻、東京国立博物館に十二巻が確認されており、一般に〝中尊寺経〟と称されていますが、現在ではそのほとんどが金剛峯寺に保存されており、『仏説六字神咒王経』も金剛峯寺にあります。

この『仏説六字神咒王経』ですが、二〇〇五年に行なわれた調査によって、この経典だけが朱色の訓点がふられていることがわかりました。装飾経というのは、書写そのものが功徳《くどく》であり、読むことを目的にしていないことからも、読みやすくするための訓点を用いることは元来ありません。これは極めて稀《まれ》なことであり、当時は院政期だったゆえ、修法に関係していたと考えられます。〈『大谷女子大国文』35（平成17・3）文・宇都宮啓吾〉より抜粋

ちなみに一〇五三年に完成した**石山寺**※蔵の『仏説六字神咒王経』は日本最古の刻本（版木印刷）とされています。

※**奥州藤原氏**　一〇八七〜一一八九年の間、陸奥国平泉を中心に出羽を含む東北地方一帯に勢力を張った藤原北家の支流の豪族。

六字明王真言は釈迦が唱えた呪

それでは『仏説六字神咒王経』の中身を見ていきましょう。内容を要約すると、以下の通りになります。

《釈迦が舎衛国《しゃえいこく》の祇陀林《ぎだりん》中に滞在した際に、旃陀羅《だら》女の呪いにより阿難《あなん》が恍惚になっている姿（意識がはっきりしないさま）を見て、六字神咒王経を説いた。

「佉智 佉住 佉毘智 絨壽 絨壽 多智婆智」
（キャチキャチュウキャビチカンジュカンジュタチバチ）

この呪はあらゆる者からのあらゆる悪呪詛（悪い呪い）を滅するもので、帝釈、梵天、四天、及び邪鬼の呪にも勝るものであるという。

最上たる仏法の功徳力によって、この呪をもってすれば昼夜安らかに百歳の寿を得ることができ、仮に枯木に呪を唱えれば、枝葉を生い茂らせることもできる。

途中、釈尊は呪を唱える際の備えについて説明する。例えば「呪を唱える日は五辛を食べず、体を洗い清め、行淫、飲酒、肉食せず、白い糸を手に掴んで呪一遍につき、一つ結び、七遍呪を唱える。その後、この糸を衣帯に結び、八難を永く絶つことを願えば、願いは意のままになる》

『仏説六字神咒王経』の和訳詳細は「**國譚秘密儀軌**」※に表されていますが、

※**中尊寺**　岩手県西磐井郡平泉町にある天台宗東北大本山の寺院。本尊は釈迦如来。中尊寺金色堂は藤原清衡が建立した阿弥陀堂で、建物の内外を総金箔張りとなっている。

※**高野山金剛峰寺**　和歌山県の高野山にある高野山真言宗総本山の寺院。真言宗の宗祖である空海（弘法大師）が修禅の道場として開創した真言密教の聖地。

上／中尊寺　下／高野山金剛峰寺

※**石山寺**　滋賀県大津市にある東寺真言宗の寺院。山号は石光山。本尊は如意輪観世音菩薩。奈良時代に創建。

※**國譚秘密儀軌**　真言密教の正しき行法を伝える『秘密儀軌』の総称のもとに伝授されてきた密教経典と儀軌をわかりやい訳註で網羅した一大集成。一九三〇（昭和五）～一九三四（昭和九）年にわたって国訳が行なわれた。

「佉智 佉住 佉毘智 緘壽　緘壽 多智婆智」

（キャチ キャチュウ キャビチ ゲンジュー ゲンジュー）


というルビ間違いがあります。

また『仏説六字神咒王経』の原本に見る六呪字は、

「佉智 佉住 佉毘智 緘壽　緘壽 多智婆智」

（キャチ キャチュウ キャビチ ゲンジュー ゲンジュータチバチ）


までであり、これまた始まりの「オン」と「ソワカ」の部分がありません。

しかしながら、六字明王像が造立される以前の「一般的な六観音を本尊とする六字経法の修法」においては、

「唵 佉智 佉住 佉毘智 緘壽　緘壽 多智婆智 沙婆呵」

（オン　ギャチ　ギャチュ　ギャビチ　カンジュ　カンジュ　タチバチ　ソワカ）


と誦えています。前述した「紺紙金銀字交書一切経」の仏説六字神咒王経の中には「沙婆呵《そわか》」の訓点が加えられています。

しかし、この経典の中に、「六字明王」の存在と「六字明王像」の造形については確認することができません。

六字経法（祈祷法）の成り立ち

天皇家を呪詛から守るための六字経法

時は約一千年前の平安時代後期。このころは中世仏教とも呼ばれ、陰陽《おんみょう》道《どう》、密教（天台、真言）では、息災《そくさい》や**請雨経法**《しょううきょうほう》※など公に行なわれる祈祷がありました。そうした中で、貴族に対して自らの宗派を誇示するがために、新しい祈祷法が次々と案出されました。

その祈祷法の中に呪詛《じゅそ》があります。呪詛とは〝呪い、怨み〟を指しますが、法皇周辺では怨家（こちらを怨んでいるであろう相手）を想定した祈祷も行なわれていたようです。しかし、そのような内容だけに公の記録としては残されてはいません。例えば、「**中右記**※」などの当時の貴族が残した日記の内容にまで及ぶ必要があります。

そして呪詛に対して、呪詛返しという祈祷法があります。一般的な呪詛返しのイメージとしては、相手からの呪いや怨みを跳ね返すだけですが、本来の意味は違います。呪詛返しとは〝怨んでいる者の悪心（呪力）を滅し、敬愛の心にする〟ことで、「調伏《ちょうぶく》」と言います

例えば戦国時代の織田信長が比叡山を焼き払ったあと、今度は全国にいた高野山の僧たちを捕らえ、命を奪いました。

※**請雨経法**　雨乞いのほか洪水などの止雨など、天変地異を防ぐための護国修法のこと。

※**中右記**（ちゅうゆうき）　藤原宗忠が寛治元年（一〇八七年）から保延四年（一一三八年）まで書いた日記。五十年にわたり、政治的出来事を克明に書き留めた記録である。

高野山では焼き討ちを覚悟しながらも、信長調伏の祈祷を修します。その後、信長落命の報を受けると、即座に調伏の壇を回向《えこう》壇に改め、位牌を設けて成仏を願い、法要を厳修したといいます。

このように「呪詛返し」とは、受けた呪いをそのまま相手に返すのではなく、大いなる慈悲心を持って行なう修法なのです。〈『呪術探究』（原書房）文・大森義成より抜粋〉

平安時代後期には、天皇家を呪詛から守るために六字経法が用いられていました。表白（祈願の主旨）は、〝呪詛〟と記され、「仏説六字神呪王経」を本軌として修していました。

「仏説六字神呪王経」の内容としては、

「阿難（アーナンダ）が、アウトカースト系のチャンダーラ族の魔女（外道旋陀羅女）に呪われたことに対して、釈迦が六字呪の効能を説いた。もし何者かが呪詛し、それが天竜夜叉羅刹などいかなる者の呪詛であっても、この経の功力によってことごとく呪詛を滅することができる」

と示しています。

六字経法はいつから行なわれてきたのか？

それではまず、六字経法の歴史を遡《さかのぼ》っていきましょう。

なお、六字経法では「本尊」は一定していません。その理由は、六字経法の基となっている「請観音経」や「六字神呪王経」などにおいて、もとから本尊が説かれておらず、儀礼的要素は希薄であり、関係儀軌類も存在していないからです。

では、六字経法はいつから行なわれてきたのでしょうか。

経典中にある「六字呪」などの「陀羅尼」は、当時中国において、「六字呪」の除災・諸魔退散などの効能に根強く期待され、信仰されていました。それはこの経典が**六朝**※時代から北宋時代まで漢訳され続けてきたことからも伺えます。

それが日本にももたらされ、六字呪信仰は浸透していきます。やがて本尊観が構築され、儀式が確立されていくようになりました。

六字経法は**東密**※、**台密**※ともに行なわれますが、まずは東密の小野流で六字経法が考案され、普及すると、それに対抗するかのように台密においても六字経法が行なわれていきました。

では、その過程を詳細に解説していきます。

まず、東密において、**淳祐**※が六字呪信仰を六観音または聖観音を本尊とする調伏法として初めて確立しました（「要尊道場観」巻上「六字経法道場観」）。

そして、六字経曼荼羅の原型を案出したのは、「**厚草紙**」※によれば**観宿**※でしたが、さらに淳祐の法孫である**仁海**※が、「六字経曼荼羅」を本尊とした修法として完成させたと伝えられています。

この曼荼羅は、釈迦金輪の周囲に六観音を配し、下方左右に不動、大威徳明王を配したものです。（「別尊雑記」巻第十一「六字経」裏書「忍海次第」）

※**六朝**　後漢の滅亡後、隋の統一まで建業（現在の南京）に都した呉・東晋・宋・斉・梁・陳の六王朝のこと。

※**東密**（とうみつ）　真言宗に伝わる密教のこと。由来は空海が東寺（教王護国寺）を真言密教の根本道場としたことによる。

※**台密**（たいみつ）　天台宗に伝わる密教のこと。

※**淳祐**（じゅんゆう）　八九〇～九五三年。平安時代中期の真言宗の僧で、小野流、観賢の弟子。菅原道真の孫にあたる。隠棲した石山寺にて多くの書物を著し、真言密教の発展に寄与した。

※『**厚草紙**』　醍醐寺三宝院の定海（一〇七四～一一四九年）による口訣集。

※**観宿**（かんしゅく）　八四七～九二八年。かつて京都市伏見区にあった真言宗の貞観寺の座主。

※**仁海**（にんかい）　九五一～一〇四六年。平安時代中期の真言宗の僧で、真言宗小野流の祖。

台密では、山門系の**皇慶**※が伊予国国司、藤原知章のために初めて六字経法を修しています（九九九年、「阿婆縛抄」巻八十六・六字河臨法「一、先蹤河臨也」）。台密の六字経法では主に聖観音を本尊とする息災法でしたが、後年には調伏法も行なわれていきました。

なお、川船上で行なう「河臨法」は台密の特徴です。

他に、空海や**真雅**※が六字経法を始めたなどの言説もありますが、実際には東大寺の僧である**奝然**※が九八三年に入宋し、皇帝太宗から版木大蔵経を賜り、宋より帰国したのが九八六年のため、それ以前に六字経法を行なうのは不可能と考えられます。

また、東密の広沢流では「息災法と調伏法」、小野流は「調伏法に限定」されていました。

六字経法を用いる場合は、「薄草子《うすぞうし》」という諸尊の拝み方を集めたテキストの中の六字経法が一般的であり、その場合の本尊は六観音（馬頭・聖観音・千手・如意輪・十一面・准胝）となります。これは天台の「摩訶止観」第二の「六字は即ち是れ六観音。能く六道の三障を破す」と相応します。

一〇九五年から小野三流（安祥寺、勧修寺、随心院）では、「黒六字」と称する六字明王を本尊としていました。**報恩院流**※のテキスト「秘鈔《ひしょう》」においても、六観音とともに六字明王を観想する伝があります。

なお、六字経法は勅命（天皇の命令）があっても二度は辞退すべきで、三度命令があった場合でも、「怨親平等・四無量心観に住する如くに衆生を平等に救う心で修する」ようにと容易に行なってはならないとされています。

※**皇慶**（こうけい）　九七七〜一〇四九年。平安時代中期の天台宗の僧。台密谷流の祖。

※**真雅**（しんが）　八〇一〜八七九年。平安時代前期の真言宗の僧で、空海の十大弟子の一人。

※**奝然**（ちょうねん）　九三八〜一〇一六年。平安時代中期の東大寺三論宗の僧。

※**報恩院流**　真言宗の根本十二流のうち小野の六流の一つ。醍醐の三宝院の流れを汲む。

六字明王像はいかにしてつくられたか？

六字明王像の特徴

六字明王は「六字尊」、あるいは「六字天」と呼ばれています。

また身色が青黒色ゆえに「黒六字」と言われることもあります。

六字明王は六観音の所変とは伝えられているものの、経軌上の典拠は見当たりません。

近時の研究によれば、院政期、天台密教による六字経法の隆盛に押され気味であった状況への打開策として、東密系小野流の**範俊**※が案出したと伝えられています。

以後、小野三流の一つである勧修寺流において六字明王を本尊とする六字経法が伝えられていきます。

※**範俊**　一〇三八〜一一一二年。平安時代後期の真言宗の僧。山城（京都府）の曼荼羅寺の成尊より灌頂を受ける。白河天皇の勅により雨乞いを行なうが、同門の義範の妨害を受け、那智山に隠棲。天皇の病気平癒祈願の効験により曼荼羅寺住職となる。

六字明王の図像　六水院本尊像

身色青黒色の菩薩相で、一面六臂
（もしくは四臂）の丁字立ち。
光背を用いる場合、背
後に十二支の動物の頭
部が光背に配される
第三手で「日輪」
「月輪」を持する。
左第二手で「戟叉」
を持する。
※六水院の六字明王像では「太刀」「戴叉」の持ち手を変えているのが特徴。
右第二手で「大刀」
を持する。
左右第一手で結印を
している（印は諸像
によりさまざまであ
り、密教系では説法
印「初転法輪印」、
陰陽道では「智吉祥
印」に見えるものも
ある）
明王の下方には
天狐・地狐・獅
子が配されるこ
とがある。

香川県の円成庵《えんじょうあん》（真言宗御室派）に祀られている六字明王像は、現存している六字明王像で最古の彫像です。

檜の一本割り矧ぎ造りを基本とし、ほぼ等身（一六三・四cm）、泥地彩色（黒褐色）で表されていましたが、近年の補修の際に、太平洋戦争後に地元の有志によって塗られていたことがわかりました。造像当初から木肌のまま祀られていました。

頭上の猿冠は消失しており、六臂のうち左右第一手と第二手の肘から先と、各持物と、光背と台座が後年に補修されています。

後年に補修された持物は本来の形と合っており、光背においても二重円相光に月輪を十二個を等間隔に配し、それぞれに十二支の頭部を描く様子はMOA美術館所蔵「六字明王像（六字尊像）」に画かれた光背と同じであり、旧様を踏襲しているといえます。

作風は、曲面を基調とする抑揚の少ない肉身や彫りの浅い衣文、正面観に比べて奥行きのない側面寛などは定朝以後の平安後期の彫刻の特徴を示しています。

面部においての頬に丸みと膨らみをもたせながらも、面長の相貌は十二世紀半ばから後半にかけての作例に見受けられる特色であり、本像もそのころの像立と考えるのが穏当とされます。

円成庵像の第一手の印は「陰陽反閇印《へんばい》」です。

六字明王像　行徳院円成庵　木造六字尊立像

※2018年4月～ 2019年にかけて大がかりな修理が施されました。

尊星王（妙見菩薩）と六字明王の類似点

六字明王の像容について、関係経典にはもともと説かれていないゆえ、その姿からどのような意義があるのかを考察していきます。

まず類似性があると思われる仏尊としては、「尊星王（妙見菩薩）」が挙げられます。

六字明王の姿の詳細を、「尊星王」を交えながら説明を進めてみましょう。

まず尊星王とは、北極星の尊格化である妙見菩薩の一種です。

古代中国で盛んであった北極星信仰を仏教系側が取り入れて成立したと考えられ、「**正倉院文書**※」からも、比較的早い時期に日本に伝来していたのがわかります。

北極星信仰は陰陽道と仏教（密教）が複雑に絡み合い混じり合っています。密教の中に陰陽道説が濃密に入り込んでいるように、陰陽道も密教の説を取り込んできました。

なぜ、こうした混交が生じたかといえば、密教、陰陽道ともに中国を〝師〟としていたからです。日本の平安密教は本場インドの密教ではなく、中国で独自の発展をとげた唐代密教をルーツとしています。

その唐で道教と密教の習合が顕著になってきたのは八世紀ごろからといわれ、さまざまな北極星にまつわる儀軌が編述されました。

赤道付近にあるインドでは北極星が地平線と重なる付近にあり、観測しにくいからなのか、インドの占星術では北極星はあまり重要視されていません。

※**正倉院文書**　奈良県にある東大寺の正倉院宝庫（中倉）に保管されてきた文書群。文書の数は一万数千点に及ぶ。

しかし、インドより緯度の高い中国では紀元前より北極星信仰が盛んで、道教はその信仰を取り込んだのです。

当時の平安密教が中国の道教にも影響を受けていたことから、六字明王図像が陰陽道の「印結」を表すことに根拠を求めることができます。

北極星（妙見菩薩）信仰は奈良時代あたりから行なわれ、平安時代中期以降は、智証大師・**円珍**※の流れを汲む天台密教寺門派において称揚されました。

寺門派の拠点である**三井寺**※（園城寺）の伝承「寺門伝記補録」によると、尊星王とその法は、円珍が唐に留学中に**青龍寺**※の阿闍梨・法全から伝えられたとされています。

その円珍が生前、尊星王法を行なっていたかは定かではありませんが、九四五年に大流星が観測されたのを契機に息災目的で天台座主・義海が尊星王法を初めて行なったと文献に残されています。

平安時代後期の院政期において、尊星王法は**白河**、**鳥羽**両上皇の支持を受け、盛んに修されました。

三井寺では寺門派最大の秘法として打ち出し、同じ台密系でありながらライバルであった比叡山**延暦寺**※を拠点とする山門派の「熾盛光法」や、真言密教の「北斗法」に対抗したといえるでしょう。

妙見菩薩の出現

妙見菩薩信仰においてほとんど唯一の典拠となる「七仏八菩薩所説神呪経・

※**円珍**（えんちん）　八一四～八九一年。平安時代の天台宗の僧。天台寺門宗（寺門派）の宗祖。

※**三井寺**（園城寺）　滋賀県大津市園城寺町にある、天台寺門宗の総本山の寺院。本尊は弥勒菩薩。

※**青龍寺**　中国・西安市にある仏教寺院。弘法大師・空海ゆかりの寺として知られている。

上／三井寺（園城寺）　下／青龍寺

※**白河天皇**（しらかわてんのう）　一〇五三～一一二九年。第七十二代天皇。善仁親王（堀河天皇）に譲位後も、鳥羽、崇徳天皇の三代にわたって四十三年間、上皇として院政を行なった。仏教に帰依し、法皇となる。

※**鳥羽天皇**（とばてんのう）　一一〇三～一一五六年。第七十四代天皇。白河上皇の死後、崇徳、近衛、後白河天皇の三代にわたり、院政を行なった。崇徳上皇と仲が悪く、死後まもなく保元の乱となる。

巻二」には呪を説き、その功徳などが説かれてはいるものの、妙見菩薩の像容については触れていません。その結果、その信仰の多様な在り方を背景に、中国や日本ではさまざまな妙見菩薩像が案出されたものと考えます。

台密系の寺門（園城寺）で、本尊とする修法「尊星王法」を行なっていることは、「権記」の一〇〇六（寛弘三）年三月七日の記録が初見として記されています。以後十一～十二世紀を通じて息災を中心に盛んに修されていきました。

そして「阿娑縛抄」第一四四・妙見には、「此法ハ三井寺秘法也、尊星王法也」と記されているように、寺門独自のものであったと推察できます。

尊星王の像容については、「**覚禅鈔**※」巻百に、

「像乗五色雲上、龍背立、具四臂、左右掌有山、其上有日月、又左右二手執錫杖鉾、界道十二箇符、六箇日月（三箇赤色・三箇白色、鹿虎狗等六箇獣有之）（有三重界道・尊身黄色・中輪青色・上青下裳赤色云々・外二輪白色）」

と示してあり、具体的な姿を「**仁和寺**※・**別尊雑記**※」の図様や園城寺に伝来した鎌倉時代の彩色画像（国指定重要文化財）で見ることができます。

尊星王の図像は、一面四臂と一面二臂の二系統があります。

一面四臂のほうは智証大師円珍が伝えたとされています。

※**延暦寺**　滋賀県大津市坂本本町にある寺院。比叡山全域を境内とする。日本天台宗の本山寺院。ユネスコ世界文化遺産。

※**覚禅鈔**　真言密教僧の覚禅が一二一七年ごろに抄記した百二十八巻に及ぶ図像抄。東密の密教図像研究の資料である。

※**仁和寺**（にんなじ）　京都市右京区にある真言宗御室派の総本山の寺院。本尊は阿弥陀如来。開基（創立者）は宇多天皇。

※**別尊雑記**　真言宗の僧である心覚が編集した密教の図像集。五十七巻。平安末期～鎌倉初期に成立。

妙見菩薩像の特徴

光背
月輪

像容
二臂、四臂がある。瓔珞を身に着ける

頭部
鹿の首をいただく冠

持物
左手に蓮の乗った蓮華を持ち、右手に剣を持つなどさまざま

印相
説法印
両手を胸の高さまで上げ、親指と他の指の先を合わせて輪を作る

台座
五色の雲上の青龍の背に立つ

梵字

妙見菩薩

梵名　スドリシュティ
別名　妙見尊星王、北辰菩薩、妙見天など
経典　「七仏八菩薩所説大陀羅尼神呪経」

真言
オンソチュリシタソワカ

菩薩形で、鹿冠（龍冠とも）を戴き、丁字立ちで龍に乗る。
右第一手、第二手は日輪（あるいは日輪を乗せた山）、鉾を持す。
左第一手、第二手は月輪（あるいは月輪を乗せた山）、錫杖を持す。
その周囲に、日輪、月輪、象・虎・鹿・狗・鹿など六匹の獣を配す。
また類似の図像では左右第一手で紙と墨を持す。

一方、一面二臂の図像は**高山寺**※の立証本という白描画で見られます。やはり菩薩形で雲中に座し、右手は施無畏印、左手は北斗七星を乗せた蓮華を持し、その頭上に北斗七星諸神を配したものです。

もっとも、実際の尊星王法は一面四臂の像がもっぱら用いられ、その本地は毘《び》盧《る》遮《しゃ》那《な》仏《ぶつ》の第二身であるとともに、吉祥天、または千手観音とされています。

しかし、この本地説は山門派から異端視されていたようで、台密山門派の事相書「阿娑婆抄」では「智証大師伝本体の相承ニ非ズ」と批判しています。

六字明王の像形は妙見菩薩に由来か

では、この尊星王と六字明王の近似性について確認をしておきましょう。

①どちらも「明王」もしくは「王」と称しながらも菩薩形である
②右の脇手に「日・月」を捧げる

※**高山寺**　京都市右京区にある寺院。真言宗系単立。本尊は釈迦如来。

③足で「丁字立ち（片足立ち）」をする
④どちらも経典から典拠を基にした図像ではなく、図像を考案したであろう人物がいた
⑤図様に「符呪」を付すことから、陰陽道との関わりが見て取れる
⑥頭上の「猿冠」
⑦互いに観音信仰の教相面が通じていた

これらの中でいくつか解説していきましょう。

③の丁字立ちについて。その起源は明確ではありませんが、二つの説が挙げられます。

一つめの説ですが、尊星王法では実際に陰陽道で行なう「**禹歩**《うほ》」※（反閇《へんばい》）が行なわれていました。

禹歩の最古の記述は「抱朴子」に見られ、それによれば魔除けや浄めの効果があり、兵を避け悪霊を避けるといいます。また片足で大地を踏みしめる所作であり、能楽の基本、相撲の神聖な四股にも通じます。

二つめの起源として考えられるのは、那連提耶舎訳「**大方等大集経**」※四一日蔵分中星宿品第八に登場する驢脣《ろしん》仙人の苦行の物語です。その内容を簡単にまとめると、

《魔王波旬と悪竜神らが軍師の戒依止と釈尊を打ち破ろうと図るが、仏力にはかなわないと悟って後悔し、須弥山の下で四天王や聖者達を礼拝して悪業

※**禹歩**　道教における呪術的歩行術。時代が下ると「反閇」という歩法の基になった。伝説によれば古代中国夏王朝の始祖、「禹」が伝えたとされる歩行術で、そのため、その名がついたという。

※**大方等大集経**　隋の那連提耶舎によって六世紀後半に訳されたもので、驢脣仙人と仙人の説いた二十八宿の物語が記されている。

から救ってくれるように嘆願した。

その時、雪山には六人の仙人がいて、その中の光味仙人（殊阿羅娑菩薩）が他の五人に釈尊の徳を讃嘆していたが、竜王たちの救いを求める声を聞いて竜神たちの下へ飛んで行き、星宿の法を詳しく聞かせることにした。

娑加羅竜王が、「星宿の法を初めて説いた方はどなたですか？」と尋ねたことから、光味仙人は、ある国の王妃と驢馬との間に生まれた驢脣仙人の出生の物語と、彼が星宿の法を初めて説いたことを伝えた。

驢脣仙人の苦行は片足を上げて日夜降ろさず、少しも怠けることがなく。その様子を見た諸天は、彼に供物を捧げて星宿の法を説いてくれるよう懇願し、仙人はその求めに応じて初めて星宿の法を説いた》

ここで、この驢脣仙人と妙見菩薩を比較してみると、いくつか共通点があります。それは、どちらも「星宿に関係している」ことと、「片足を上げる姿をしている」ことです。

経典中、仙人の中の仙人とされている「星宿の法」を初めて説いたとされる驢脣仙人の姿が、妙見菩薩像の案出に影響を与えたことは十分に考えられます。

仮にそれが起源とするならば、「大方等大集経」が漢訳されたのは六世紀後半なので、仙人の姿を起源とする片足を上げた妙見菩薩像が成立したのはそれ以降ということになります。

当時、尊星王に託された思いは、国家や人々の運命を左右するような時でした。衆星を支配する如く北極星を尊格化し、息災、延命を願い、信仰をしていたのです。〈『星曼陀羅と妙見菩薩の図像学的研究』著・有賀匠〉

また、台密の寺門派も尊星王信仰を自身の勢力拡大のために盛んに修し、その修法をもって皇室や摂関家に接近しました。そして院政期における寺門派の隆盛は一定の成功を収めたようですが、寺門派における尊星王法は派内で独占されていたため、他派へ伝達されることもなく時代と共に収束していったのです。

⑥の頭上の「猿冠」についてですが、「梵天火羅九曜」において、水曜星の像容を「北辰星（中略）頭首戴猿冠　手持紙筆」と説かれています。当時、水曜星と北極は同体と見なされていたことから、水曜星を媒体として尊星王と六字明王の関係性が浮き出てきます。

⑦互いに観音信仰の教相面が通じていた。

こちらは「覚禅鈔」第百・尊星王「本地并母通」の項には「龍雲闍梨云、尊星王観音母也、故世界有其縁云々　或云妙見観音故　観音名妙眼」と記しており、尊星王と観音との関係が示されいます。

「龍雲闍梨」は園城寺の龍雲房の住僧を示していると思われますが、当時、寺門内で尊星王と観音信仰が通じていたことが推察できます。

一方、六字経法も元来、台密、東密にいずれにおいても観音を本尊に招請して行なう修法であったことから、六字明王も観音に通じていると考えられます。

このことから両者の接点は図像の近似性に留まらず、教相面においても深く及んでいたのです。


これまで①〜⑦まで六字明王と尊星王の共通していると思われる箇所を挙げてきましたが、実はもう少し深く追求しておく必要があります。

まずは尊星王の造像の確実な初見は「**小右記**※」一〇一五（長和四）年閏六月八日の条と見られます。

対して六字明王の造像は「**中右記**※」一〇九五（嘉保二）年九月二十四日の条裏書が記録上の確実な初見であり、六字明王の造像があととなることから、六字明王の図像を案出するために、尊星王の図像を改変したことが考えられます。

そのことについての裏付けとして、**自證房覚印**※撰述になる「六字自見抄」に収められた次の一条に表されています。


《就中、黒色六臂像ハ、故白河院御時、故鳥羽僧正自三井寺御経蔵被出取之。其以前ハ凡不流。世ノ人不知之》

すなわち、「白河院御時」に「鳥羽僧正」が「三井寺御経蔵」から「黒色六臂像（六字明王）」を取り出したと記しています。本条において六字明王が寺門の尊星王の図様を基にしていたことが示唆されています。

※**『小右記』**（おうき／しょうゆうき）平安時代の公卿藤原実資が九八二（天元五）年〜一〇三二（長元五）年まで書いた日記。
※**『中右記』**（ちゅうゆうき）平安時代の公卿藤原宗忠が一〇八七（寛治元）年〜一一三八（保延四）年まで書いた日記。
※**自證房覚印**　一〇九七〜一一六四年。平安時代末期、鎌倉時代初期の僧。

この鳥羽僧正が一体誰であったのかを明らかにする必要がありますが、それは改めて次項で触れていきます。

今は、尊星王を参考にして六字明王が考案されたことが明確化してきたので、さらに両者の近似性について掘り下げていきます。

妙見菩薩から六字明王への改良点

尊星王から六字明王への改良された内容を曼荼羅から考察します。

実は六字明王にも曼荼羅が存在し、今日知られる「六字明王曼荼羅」には、愛知・万徳寺本「覚禅鈔」巻十九、「別尊雑記」巻第十一、京都・醍醐寺本「図像（馬頭等）」に収録されたものが代表的なものとして挙げられます。これらはいずれも原本からの転写に際して、写し崩れや描き落とし、あるいは簡略化が見受けられ、図様に差異が認められます。

ただし、その中にあって比較的原本の図様の面影をよく留めている醍醐寺本「図像」所収の「六字明王曼荼羅」から、尊星王から六字明王が、どのように大きな改良をされているのかをまとめてみました。

①頭部の冠を「牛冠」から「猿冠」にされている点

②足元の「左向き四足開口の龍」が「蓮華座」になっており、さらに下方に三匹の野干（狐）がいること

③四臂から六臂になっている点

六字明王曼陀羅（醍醐寺本「図像」）

④尊像の向きが左斜めだったものを正面に改めている点

「尊星王曼荼羅」は三重の円相内に収まった星曼荼羅であるのに対し、六字明王の場合は「二重円相光背」を背にし、外周に方形の枠組を設けて、周縁の四方には籙符（符呪）と十二支の各頭部を巡らしています。

身光部内区には日・月・禽獣の姿をわずかに覗かせ、蓮華座の下方に「子」の頭部を表し、「丑」以下、残りの十一支の各頭部を光背の周縁部に向かって、左下から始まり頂上に「牛」が位置するよう順に巡らせています。

また身光部内区に見える日・月・禽獣は、尊星王の図様から「六字明王曼荼羅」を経て整理をした円相部を、そのまま凝縮して身光部内に収めたもののうち、最外縁の一部が表わされたと見ることができます。

十二支の配置を方位で示せば「六字明王曼荼羅」の真上の「牛」が南、真下の「子」が北、向かって左の「卯」が東、向かって右の「酉」が西を表すことになりますが、一般的に曼荼羅の方位は別尊曼荼羅においても、両界曼荼羅の金・胎いずれかに倣い、上方もしくは下方を東とすることを考慮すると、上下を南北とすることは異例です。ただし、陰陽道の基本理論書「五行大義」の序文に、「子牛卯酉為経緯」と規程されており、六字明王が結ぶ「陰陽反閇印」や曼荼羅光背に「符呪」など、陰陽道的要素が介入していることを思えば、「五行大義」の影響を受けたと考えられます。

では、それぞれについて解説していきましょう。

①で示した六字明王の頭上の猿冠は、先ほど近似性を説いた⑥に表した通り、尊星王（北辰星）は水曜星の属性であり、その水曜星の頭上には本来は猿冠が相応しいはずです。しかし完成していた尊星王の図像は牛冠であることから、六字明王を考案するにあたって本義の猿冠に戻したとも考えられ、尊星王の尊格を正しく理解していたうえで、六字明王に相応しい冠を案出したと思われます。

②の龍を蓮華座へ改変したことについては、元の尊星王曼荼羅において三重円相の最外縁に「日・月」をそれぞれ背にして相対する象と、もう一匹の禽類を野干の姿に変え、その位置を円相内から蓮華座下方へ配したものといえるでしょう。

蓮華座の下方に三匹の野干を配し、中央の野干は、少し見えづらいが矢揃（弓矢）を左前脚に持っています。このような配置となった理由としては、六字経法において三類形（天狐・地狐・人型）を「弓揃」を用いて荘厳する内実を、表していた図様であったと思われます。

③の四臂から六臂への改良に際しては、本来の東密系の六字経法が六観音を本尊としていたことから、六臂にその意義を表していたと考えられます。すなわち、東密系においては淳祐以来、六観音の属性を如意輪観音の「六臂」に配当する伝統があります。六観音の属性を六字明王に持たせるため、四臂を六臂に改めたと解釈できます。

六字明王像の案出

かくして「六字明王曼荼羅」の存在を視野に入れながら、尊星王の図様を基にして、六字明王の図像が完成されていったことが明らかとされました。

ここで重要なのは、尊星王の面影を残しつつ、六字明王が案出されている点であり、そこに六字明王が出現するに至った手掛かりが含まれていると思われます。

なにしろ一千年も前のことであり、資料も限られています。かつ、政治的な意図があり、密教修法が権力に多用されていた時代に、表に記しておけない情報は口伝という方法が一般的でした。それでも第三者の行者に伝えるため、修法や報告としての記録や写しはある程度は必要だったのでしょう。

また、貴族の日記などにその当時の様子がうかがわれます。

では、この六字明王像案出については公然であったのかと言えば、主に「調伏」のための考案ということもあり、白河院はどうやら周囲に漏らさずに造像に至ったものと思われます。

しかも、経典には説かれていない仏尊であり、尊星王を参照して案出という経過もあって、誰も今までに見たことがなかった様子がわかります。

当時、六字明王像を垣間見た人々の反応をここに記しておきましょう。

藤原宗忠の日記「中右記」一一二七(大治二)年　三月七日の条

《七日 酉丁、天晴（中略）
今日於法勝寺薬師堂有御仏供養。依催午時許参法勝寺薬師堂。
南面安置丈六之六字明王七體、
件仏像石見守資盛功云々。中間立供養法壇、弁備香花　其東敷讃衆座　中央間簀子立散花机。
其東敷公卿座　未申角懸御簾為三院御所。
先権僧正勝覚率讃衆十人参上（此中法眼源覚皆指貫装束）按察中納言又参仕。
暫言談之次　問云　此六字明王ハ出自真言教歟如何。
権僧正答云　此明王不出自顕密給　不知慥説。
只近代本院令信給也。
但本有六字経六字法　是六観音也。
然而於此明王者不出従彼経也。弥以不審。
今日心閑奉見之處　丈六立像　其色紺青　頂上件面現忿怒。
有六臂二足　彼六臂捧日月并劔鉾　於二臂者作印也。
大座辺作十二神形也。
像之爲體誠有恐　如此事言談相待御幸。臨申時三院御幸（以下略）。》

すなわち、本条は法勝寺薬師堂においてこの日、白河院の来臨のもと丈六の六字明王像七體の開眼供養が行なわれた時のことが記されています。

これによれば堂内に安置された六字明王像は、

頭頂に忿怒相の仏面を表し（猿冠）**、**
身色が紺青色の六臂二足の立像であり、
六臂のうち四臂で日・月・剱・鉾をそれぞれを執り、
残りの二臂で印を結び、
台座の周辺には十二神形が配されていた。

これまでに参照してきた資料である「図像抄」「別尊雑記」「覚禅鈔」に収録された六字明王の図像ともほぼ一致しています。

ちなみに腹前で結ぶ印（左手を臍前で仰掌し、右手は腹上で覆掌しながら、ともに第一・四指を捻じて他指を伸ばす）については、「輪印」「大三吉印」とも呼んでいました。

先ほどの「中右記」の文中において、供養導師の勝覚（醍醐寺）は、

「この明王の出自は顕教・密教いずれでもなく、確かな説は不明であるが、ただ近代、白河院が信仰されている。また、六字経法の本尊は六観音であり、六字明王は六字経法が依拠する経典にも説かれていない」

と述べています。

同じく、**恵什**※の「是尊未見本説」という発言は、「この仏尊は未だ見たことがない。本説にも典拠が見当たらない」という意味です。

また元海（一〇九三〜一一五六年）は、「不知説所　故人多迷之　近来出来明王也」（近代、考案された明王である）と記しています。

ここで注意したいのは「白河院が信仰している」と明言した勝覚と、元海

※**恵什**　一〇六〇〜一一四五年。鳥羽院政期の真言宗の僧。

の「近代、考案された明王である」という指摘です。

　それを解くには、冒頭で説明をした円成庵の六字明王像の伝来について触れておく必要があります。

なぜ、香川県坂出市の地に六字明王像は移ってきたのか

　一七四五（延享二）年の序文を有する当地の地誌「翁嫗夜話」六ほかによるならば、本像はかつて「乃生《のお》」の地に祀られていたが永禄年間（一五五八～一五七〇年）に現在の地に移ったとされます。

　この「乃生」の地とは、現在の香川県坂出市王越町乃生にあたり、同地を含む一帯は律令制下にあって「和名類聚抄（高山寺本）」にその名を残す阿野（あや）群九郷のひとつ「松山」郷の郷域に比定されます。

　そして、この「松山」の地で想起されるのは、**保元の乱**※のあとに**崇徳院**※が配流になったところだということです。史的関連性の可能性を探ってみる価値は大いにありそうです。

　崇徳院は待賢門院璋子を母に、白河院の子息・鳥羽天皇の第一皇子として一一一九（元永二）年五月に生まれ、その誕生に際し、平産を祈念して六字明王像が宮中の昼御座や南庭で供養されるなど、六字明王との紐帯が認められます。

　円成庵像の場合、作風から十二世紀半ばから後半にかけての造立が推定されるが、例えば崇徳院との関係性を見出した場合は、一一五六（保元元）年

※**保元の乱**（**ほうげんのらん**）　平安時代末期の一一五六年七月に皇位継承問題や摂関家の内紛により、朝廷が後白河天皇方と崇徳上皇方に分裂し、武力衝突にした政変。
※**崇徳院**　一一一九～一一六四年。第七十五代天皇。保元の乱で後白河天皇に敗れ、讃岐に配流された。

七月の崇徳院の讃岐国配流から当地での崩御が伝えられる一一六四（長寛二）年八月までの間の造立と見るのも一考であり、または、京都で像造したものを近臣たちが寄贈したとも考えることができます。

「**兵範記**[※]」保元元年七月二十三日の条には、崇徳院の配流に際して讃岐国の国司の関与を伝えており、「**保元物語**[※]」などによれば「二の在庁散位高遠」に代表される在庁官人の奉仕がうかがえることから、本像について、彼らから崇徳院へ造進していても不自然ではありません。

このように見た時、京都から離れたかの地に院政期の六字明王像が伝来することは十分に考えられます。

本項では六字明王像の形姿を中心に考察してきましたが、六字明王だけが案出された特異な例であるかといえば、実はそうともいえません。

古来より口伝で伝えられている場合もあり、何より、残されている記録や資料が少ない場合は調べようがなく、仏典に典拠不明な造仏は蔵王権現など他にも多く存在しています。

また、修法においても六字経法だけが特異な例ではなく、平安時代後期には他にもさまざまな新修法が考案されていました。

※『**兵範記**』平安時代の公家平信範の日記。一一三二（天承二）年〜一一七一（承安一）年まで約四十年間が書かれる。

※『**保元物語**』源為朝の活躍をメインに、保元の乱の顛末を描いた軍記物語。作者不詳。

もう一つの六字真言〜六字明王真言から六字如来真言へ

六字大明呪「オン・マニ・パドメ・フム」

六字明王真言は調伏を目的とした六字経法の典拠であることは前述しました。しかし、他にも六字真言はあります。それは「聖六字大明王陀羅尼経」というもので、経典は北宋朝（中国の王朝の一つ）によるインド経典請来や翻訳事業の中で、インド僧・**施護**《※せご》が九八八年に訳出した北宋の新訳経典です。日本へは入宋した僧・**成尋**※が購入した版本群に含まれ、一〇七三（延久五）年に伝えられました。

原典とされるのはサンスクリット名で「カーランダヴューハ・スートラ」という観音菩薩の功徳を説く経典ですが、チベット仏教圏における観音菩薩のマントラ（真言）として最も広く知られ、「六字大明呪」の典拠となっています。

六字大明呪と「Om mani padme hum（短呪：オン・マニ・パドメ・フム）」と表され、本来は梵字の六文字で構成され、「𑖌𑖼 𑖦𑖜𑖰𑖢𑖟𑖿𑖦𑖸 𑖮𑖳𑖼」、漢訳では「唵嘛呢叭咪吽」と表されます。

このマントラの意味についてては諸説があり、チベットでは六字を六道の各道に充て、一語一語にそれぞれの罪を浄化する意味を持たせています。

※**施護**　インド・ウッジャイニーの僧。九八〇年に中国に渡り、『如来荘厳経』などの経典を百十余部を訳出した。

※**成尋**　一〇一一〜一〇八一年。平安時代中期の天台宗の僧。一〇七二年に北宋へ渡り、諸寺を巡礼。経典など六珀巻余りを日本へ送った。

梵字	蔵文	ローマ字	浄化の対象	六道
𑖌𑖼	ཨོཾ	oṃ	自我・高慢（慢）	天
𑖦	མ	ma	嫉妬・娯楽への渇望（悪見）	修羅
𑖜𑖰	ཎི	ṇi	欲望・欲求（無明）	人間
𑖢	པ	pa	無知・偏見（痴）	畜生
𑖟𑖿𑖦𑖸	དམེ	dme	貧窮・所有欲（貪）	餓鬼
𑖮𑖳𑖽	ཧཱུྃ	hūṃ	憤怒・憎悪（瞋）	地獄

ダライ・ラマ一四世※によれば、オム・マニ・パドメ・フムは細かく分けると、「オム」「マ」「ニ」「ペ」「メ」「フム」という六つの真言（シックス・シラブル・マントラ）で構成されていると言います。

ダライ・ラマは、「これら六つの真言は、私たちの不浄な身体・言葉・思考を、完全に統一された秩序と知恵の教えの道に導くことにより、仏陀になれる」意と説明しています。

オムが私たちの不浄な身体・言葉・思考。

マニが宝石を意味し、秩序、慈悲、他者への思いやりなど、悟りを開くための要素。

ペメが蓮を意味し、矛盾から救い出す知恵の本質を示す。

フムが、分離できないものを意味しています。

※**ダライ・ラマ14世**　一九三五七月六日生まれ。チベット仏教の最高指導者であり、中央チベット行政府の国家元首。一九八九年、ノーベル平和賞受賞。

「大乗荘厳宝王経」からの引用

さて、真言宗の諸経法、諸尊法、灌頂などの作法に関する研究書である「覚禅鈔」を著した覚禅はさまざまな経典類や諸僧の口伝・聖教類を引用していますが、「覚禅鈔」「六字経法」に引用する中で注目されるのはとりわけ「大乗荘厳宝王経」でした。

「大乗荘厳宝王経」は、九八三年にインド僧・天息災が訳出したものです。ちなみに先ほどの「六字大明呪」は、「唵引 麼 抳 鉢 訥銘二合引 吽引」（オンマニパドメイウン）と天息災は音訳しています。六水院においての発音は、天息災と同様です。

この「大乗荘厳宝王経」から覚禅は引用を三カ所しています。

一つは「曼荼羅異説」の項にあります。

《荘厳宝王経四云、無量寿如来右辺安 持大摩尼宝菩薩、出（於）仏左辺 安六字大明王。

四臂肉色白［如］月色、種種宝荘厳。

左手持蓮花、［於 蓮華］上 中安 摩尼宝、右手持 数珠、下二手結 一切王印（此印可尋）。

又云、於、六字大明王足下 安 天人、［種種荘厳］。

右手執 香炉、左［手掌］鉢［満］盛諸宝。

［於］曼荼羅四角 列 四大天王 云々》

この引用は、六字明王の形姿を語る部分ですが、この経典において、六字大明呪を尊格化した観音（シャダクシャリー・マハーヴィディヤーと称される）は四臂で色白とされ、六臂・青黒色とは異なり、持物なども一致していないことが記されています。

このことからも院政期の六字明王図像は、北宋の経典が基にされたのではなく、やはり白河院周辺で案出されたものと考えられます。

二つめの引用は、**白描**※で示された尊像に近い部分の裏書です。書面裏書とは公的文書ではないものの、「著者の思い」や「疑問」、または「秘匿せねばならない状況」など、歴史的に見て手掛かりとなる場合があります。

《荘厳宝王経三云、彼観自在菩薩摩訶薩、有 六字大［明］タラニ、難得値遇 云々。

六字タラニ者、日々［得具］六ハラ密［多］円満云々》

三つめは、「真言」部分の裏書です。

《荘厳宝王経云、有得 此 六字大明王陀羅尼 者、是人貪瞋痴三毒、不 能 汚染。明日、

唵麼抳鉢訥銘吽

日々得 具六ハラ密円満 云々。六合天地四方也》（同経巻四からの抜粋）

※**白描**　墨一色を用い、筆線を主体として描かれた絵のこと。

この引用二と三は六字明王の陀羅尼の功徳と、その文言が「唵麼抳鉢訥銘吽（オンマニパドメフム）」であると記しています。

「大乗荘厳宝王経」は六字経法の主要典拠か

この「大乗荘厳宝王経」は覚禅以前にも、六字経法の典拠として用いられています。範俊の弟子のそのまた弟子にあたる寛信は寛信著「小野類秘鈔」巻第四（舌）「六字」の項で、

《私云、此像者四臂也。見 形像 者六臂也》

と記し、実際に用いている六字明王像との違いを述べています。

また「六字呪巧能」という見出しのもとに、同経巻第四の文をごく短く引いています。

醍醐寺の僧である元海（一〇九三〜一一五六年）の「厚造紙」では、六字明王の項を別立てしており、その末尾で

《但世流布像頗 是》

と記し、陀羅尼に関する部分では「唵麼抳鉢訥銘吽」の功能を巻第四の各所から抜粋して少し長く引いています。

こうしてみると、寛信と元海の小野流の両僧侶が六字経法の典拠として引いているのは、「大乗荘厳宝王経」のみであり、この経は六字経法の主要典拠と見なされていたようです。それと同時に、修法で用いている目の前の六字明王像は、この経典からかけ離れた図像であること、近年中に案出されていたことも書かれており、そして周知のことでもありました。

「大乗荘厳宝王経」は先ほど述べたように、北宋朝で九八三年に翻訳され、日本には「聖六字大明王陀羅尼経」と同じく、一〇七三年に成尋が版本を送りました。

しかし、それ以前に日本へ請来していた可能性があります。「厚造紙」の「六字明王」の項には「荘厳宝王経云 奝然録」と注しています。

ここに登場する東大寺僧・奝然は九八三年に入宋し、九八六年に帰国していますが、当時、日本にすでに存在していた経典だとしても、特に注目はされた痕跡はなく、成尋請来以後に改めて注目されました。

おそらくは院政期の政治背景と関連して、六字明王の案出を含む六字経法の展開に必要だった経典と思われます。

先ほど述べたように「大乗荘厳宝王経」が日本に送られたのは一〇七三年であり、その二十年後、一〇九五年に六字明王像を用いた初めての六字経法が行なわれていることは軽視できません。

この二十年の間、何らかの事情により新修法が必要になったと推測されます。

成尋の北宋朝への密航

それではこの経緯を辿ってみましょう。

当時の中国（宋）に渡るには、朝廷の許可が必要でした。天皇の国書を皇帝に献じた遣唐使や、その一員として同行した入唐求法僧（空海、最澄など）は時代により渡れましたが、平安末期になると、政治の情勢が不安定なために日本僧の入宋の許可はなかなか下りませんでした。

朝廷は対外的な関心を持っていたと思われますが、官史を使節として派遣しなかったのです。また、貿易と情報をもたらしていた海商に対しても頻繁な来航を許さず、太宰府を中心に管理をしていました。

ゆえに、当時仏教聖地巡礼として日本から入宋した僧侶たちは、天皇と皇帝の公式外交の使節としてではなく、密航僧として渡航していました。それは密使として貴族たちの期待を担っていたのです。奝然もその例にあたります。

一〇七二年、成尋は園城寺系の天台僧であり、六十歳で入宋を志願し、七人の随行僧と共に渡りました。しかし、延久二年正月十一日に渡航申請をしているものの（「朝野群載」巻第二十）、許可された形跡はありません。やはり宋商船に渡航料を渡し、肥前国松浦群壁島から密航していたと思われます（参天台五臺山日記）。

入宋した成尋は、北宋・天竺諸国・契丹・西藩の出身者と交遊した他、現地で許され、経典の新訳・刊本化事業、城内仏閣、貝葉梵本などを実見しました。のちに日本で六字経法の典拠に加えられる「聖六字大明王陀羅尼経」や「大乗荘厳宝王経」は、その過程で購入し、日本へ送付した経典の一部なのです。

成尋は北宋朝がインド方面から新しく入手した梵文経典類に関心を寄せていました。その様子は、

「秘密名字三摩地分梵本・青焔明王儀軌梵本・房荘厳宝王経梵本、皆中天竺貝葉、最優美也」（参天台五臺山記・熙寧六年一月二十六日条）

と記されています。

以上のような見聞は、この「参天台五臺山記」に詳しく記録され、他に新訳仏書なども印刷・購入したようです。その後、翌年六月に帰国許可を得た弟子五人は仏書四一三巻、仏像なども担い、劉琨の宋商船へ乗り、日本へ向かいました。

一方で、北宋朝が入手し、翻訳した経典類の多くは、空海がもたらした純密（中国密教）よりあとの時代の後期密教であり、性的ヨーガを重視する**タントラ仏教**※でした。

後期密教はチベットでは定着しましたが、中国や日本で根づくことはありませんでした。

成尋が「開封」で入手していたさまざまな仏書や仏像、「大乗荘厳宝王経」や「聖六字大明王陀羅尼」は、まさに後期密教のものだったのです。

※**タントラ仏教**　七世紀ごろからインドに栄えたタントラ教の影響を受けた仏教。現世の幸福、快楽を肯定し、衆生は本来仏性を持つという考えから、大日如来を中心とする諸仏を念じ、陀羅尼を誦し，曼荼羅や印契などを用いる特有の儀礼が特徴。

遼仏教を求め、明範渡遼

明範という僧にも触れておく必要があります。出自はほとんど不明ですが、一〇九一年に北宋の北に位置する**遼**※へ渡航しました。

「日本国遣鄭元・鄭心及僧応（明）範等二十八人、来貢」（「遼史」巻第二五）

それに関連したと思われますが、明範は翌年の九月十三日には太宰府に帰着後には佐衛門府に収監され、それを問題視した太宰府の報告が、左右大臣や内大臣などの公卿が揃う陣定《じんのさだめ》で取りざたされています。

すぐに平安京に召喚された明範は**検非違使**《けびいし》※の勘問を受けました。

「契丹者本是胡国也。有武勇聞。僧明範多以兵具売却金銀条、己乖此令歟」

（「中右記」寛治六年九月十三日条）

「初めて契丹国の路に通」じて兵具を売り、金銀の宝貨を得る商行為が判明した」

明範は商人僧とみなされており、明範が乗っていた宋商船は成尋と関係していた宋人・劉琨の船でした。

検非違使の勘問を受けたあとの寛治七年二月になって、「師卿」の使いと

※**遼**　内モンゴルを中心に中国の北辺を支配した契丹人（キタイ人）、耶律氏（ヤリュート氏）の征服王朝。九一六～一一二五年続いた。

※**検非違使**　日本の律令制下の令外官の役職。「非違（不法、違法）を検察する天皇の使者」の意。京都の治安維持と盗賊無法者の追捕にあたった。平安時代後期には令制国にも置かれた。

して遼に渡ったと吐露をしています。

その結果、前太宰権師藤原伊房は従二位から一階を減らして中納言の職を解かれ、対馬守藤原敦輔は従五位下の位記を没収されました（「中右記」寛治八年三月六日条）。

ただ、肝心の明範の処罰については記録を欠いています。

「欲大弐」と呼ばれた藤原伊房は、傍若無人ぶりのこともあり、明範の渡遼を朝廷に報告したにもかかわらず、かえって張本人として処罰をされたそうです（古談抄）。

さらに明範を別の角度から探ってみましょう。

明範が、六字明王を案出したとされる範俊の弟子であったと考えられ、その根拠を示します。

「如法愛染法」とは、通常の愛染王法とは別の如意宝珠を本尊とする範俊が案出した新修法です。

北宋期の舎利重視を踏まえたものであり、その始修に関係する史料を挙げましょう。支度の写しであり、勧修寺本によって示します。

支度 範俊阿闍梨

注進　御修法十箇日支度事

合

五色糸三具 各三丈五尺　蘇　密　名香　白檀 安息 丁香

附子三十両 日別三両　鐵末百八十両 日別十八両
赤芥子三升 日別三合　引生塩六升 日別六合
酢六升 日別六合　上紙百五十張 日別十五張
油三斗七升　御明扞護摩料
米州三石御　御仏供扞　仏器直料　布三段　壇敷料
阿闍梨一口　伴僧六口　承仕三人　駈仕六人
見丁二人　浄衣　紅色袈裟、裳同色
黒色浄衣一領
右、支度注進如件。
承歴四季（一〇八〇）十一月廿一日　行事大法師明範

最後の行に「大法師明範」とあるように、範俊が導師たる新修法「如法愛染王法」の支度を白河上皇に伝えるなど、実務を行なった行事僧が明範でした。

このことから導き出されるのは、成尋が「参天五臺山記」や経本を日本へ帰国する弟子たちに託した一〇七三年、白河上皇には成尋からの情報によって、遼での大蔵経の刊刻や遼僧らの仏書著述、造寺造仏などが皇帝権力化で推進され、盛行する北宋や遼の新しい密教事情が伝えられていました。

白河院のそばで力を伸ばしつつあった真言密教僧の代表的存在の範俊（のちの小野流の祖、権僧正、東寺一長者、法務）は、修法奉仕を求める白河院の意向に応えるべく、後期密教を参照して新修法を案出するために明範を渡遼させようとしたのでした。

白河院も江南の天台宗ではなく、新傾向の遼仏教へ関心を高め、一〇九一年の非公然の明範渡遼を敢行させせました。

この三者（白河院―範俊―明範）の関係は、すでに一〇八〇年の「如法愛染王法」の支度に見て取れます。

前述しましたが、一〇九二年、明範が乗っている宋商・劉琨船が太宰府へ帰着し、渡遼問題は発覚しました。明範は拷問による自白の際、白河院から疎まれていた前太宰権師藤原伊房に罪を擦り付けたのです。

一方で、明範が日本へ持ち帰った遼仏教の書籍類は白河院と範俊が入手するところとなりました。

前権師藤原伊房らへの処罰がすみ、来る一〇九五年、後期密教の経典類（大乗荘厳宝王経）などを参照し、案出した新形姿の六字明王を用いた六字経法が範俊によって実修されました。

以上が成尋による経典送付から、範俊による新修法実施に至った二十年間の見解です。

白河院は、禁止されていた渡遼をあえて黙認し、後期密教を導入するという大胆な行為を了解していたことになります。

このような朝廷の外交の公式対応とは違った白河院の思惑と範俊の意志によって、六字明王を本尊とする六字経法の成立に結び付いたと考えられます。

主要参考文献

『「図解」仏像のすべて』花山勝友監修　光文社
『エソテリカ辞典シリーズ①　仏尊の事典』関根俊一編　学研
『ブックスエソテリカ①　密教の本』学研
『ブックスエソテリカ⑲　真言密教の本』学研
『ブックスエソテリカ㉝　印と真言の本』学研
『総図解　よくわかる仏教』武田鏡村監修　新人物往来社
『仏像のみかた』入江泰吉・關信子共著　保育社
『よくわかる仏像の見方』宇津野善光監修　ＪＴＢパブリッシング
『釈迦と十大弟子』西村公朝　新潮社
『ムック　日本の仏教と十三宗派』釈徹宗・村越英裕・岩下宣子監修　宝島社

あとがき

二〇〇〇年に「六水院」を開基してから、早いもので二〇二〇年でちょうど二十年になります。私が神様から授かった最大の智恵である「流生命」では、神様は二十年をひとつのサイクルと定められており、人生も二十年でひとめぐりすると考えます（詳細は拙著『定本　流生命』『年度版　流生命』［共に徳間書店］などを参照）。つまり、二十年ごとに人生はひとつのゴールを迎え、新たなスタートを切るのです。

それだけに開基二十周年は非常に感慨深いものです。

さらに、まえがきでもお話ししましたが、二〇一九年末に私を導いてくださる神様が「六字明王様」から「六字如来様」にバトンタッチし、六字明王様は私の娘である昇恵を導くことになったのも、この「二十年サイクル」と深い関係があるに違いありません。

こうした重要な節目だからこそ、信者さんたちと一緒に二十年かけて築いてきた大切な六水院も、新しい未来に向かって歩み出すべきタイミングだと考え、私は六水院の管長職を辞し、昇恵に譲ることになりました。同時に、私自身も新たなスタートを切るべく、ひとりでも多くの方が福運に恵まれるよう、初心に戻り「神様の使いっ走り」としての使命を果たすことにまい進していく所存です。その初めの一歩として、神様について詳しく紹介した本書を皆様にお届けできたことを誠に嬉しく思います。

少々専門的な内容もあったかもしれませんが、神様がどれだけ私たち人間を救おうとされているのか、その慈悲の深さや智恵の素晴らしさはわかっていただけたでしょう。あるいは、心惹かれる神様がいたり、仏教の世界観に興味を持たれたりしたのではないでしょうか。その気づきや関心をどうか大切にしていってください。すると自然と敬虔《けいけん》さが養われていき、生き方も自ずと正しくなって、必ずや神仏のご加護をいただけます。

ただでさえ、ここ最近は、疫病や自然災害などの不運に見舞われ続け、また私のもとにはポルターガイスト現象などの霊障が各地で増えているとの情報も入ってきています。人の力だけではどうにもできない出来事が多くなっている世の中だからこそ、神仏におすがりし、神様と共に生きていきましょう。

合掌　**下ヨシ子**

【わ】

【ま】

【や】

【ら】

【な】

【は】

【た】

【さ】

Index

【あ行】

【か】

【著者略歴】

下ヨシ子

宗教法人肥後修験総本山六水院管長。

霊能力者。ヒーラー。超能力者。福運アドバイザー。

1952 年佐賀県生まれ。幼いころより、予知能力を発揮。44歳のときに原因不明の高熱を発し「六字明王」様に出会って以来、霊能力者として開眼。得度を受け、修行を積み、阿闍梨（あじゃり）の地位を得る。その後、「六水院」の院号をいただき、教師を育てながら、六水院の院主として浄霊祈禱のほか、書籍・雑誌への執筆、講演活動なども行なう。1998年、テレビ番組『奇跡体験!アンビリーバボー』に出演、大反響を呼ぶ。2000年には岐阜県富加町の幽霊住宅の浄霊に成功して、話題となった。

2005年に「真言六字密教総本山六水院」を開基。熊本本院及び観音堂のほか、京都に関西別院、東京と石川県小松市に支部がある。その後もテレビ番組『ほんとにあった怖い話』などをはじめ、多くのメディアを通じて霊の世界やご先祖様のご供養、水子供養の大切さを説き、霊能力者として高い評価を得ている。著書に『浄霊家相』『定本 流生命』『マンガ下ヨシ子の死後の世界』（いずれも徳間書店）などがある。

〈下ヨシ子 公式HP〉http://www.shimo-yoshiko.com/
〈下ヨシ子 公式携帯サイト〉http://syr.jp/sp/

図解《ずかい》　下《しも》ヨシ子《こ》の神様《かみさま》の世界《せかい》

第一刷　2020年10月31日

著　者　下ヨシ子
発行者　小宮英行
発行所　株式会社 徳間書店
〒141－8202　東京都品川区上大崎3-1-1 目黒セントラルスクエア
電　話　【編集】03-5403-4350　【販売】049-293-5521
振　替　00140-0-44392

印刷・製本　株式会社廣済堂

ISBN978-4-19-865147-3